# 江戸の家計簿

家庭人・二宮尊徳

新井恵美子

神奈川新聞社

# 江戸の家計簿——目次——

# プロローグ

二宮金次郎（尊徳）は、天明七年（一七八七）に生まれて、安政三年（一八五六）に死去した。金次郎が死んで十二年で江戸時代は終わる。徳川幕府はすでに内からも外からも崩壊の兆しを見せていた。秩序はほころびを見せ、経済は破綻をきたしていた。繕っても、繕っても、間に合わない。

金次郎は自身で考え出した方法で、救済を行ない村おこし、藩おこしに成功した人物であった。しかし彼の偉業は江戸時代というものが、あっけなく消え去ってしまうと時代の忘れ物のように虚しさばかりが残される筈だった。

それなのに、明治になって、死去後二十年も経てから「金次郎ブーム」が起こるのはなぜか。明治天皇を感激させた『報徳記』を始めとする門弟たちの著書の力もあった。彼に会った人々の心に残った金次郎の人間的な魅力がもう一度炎となったとも言える。

金次郎という人は譬え話のうまい人であった。例えば「大掃除をする時に殿様が自分だけ動かずにいて、下の者を命令してもうまく行かない。まず自分の畳を上げろ」という。政治改革に苦心している政治家たちに聞かせたい話だ。

又、こんなのもある。

「たらいの水を見よ。水を手元に寄せようとすれば、水は逃げる。押してやれば戻って来る。お金も同じだ。欲しがれば逃げる。要らないよと人にやれば、いやでももどって来る」お金に限らず欲望はそのことに捉われるとかえってうまく行かない。無心の者に幸いがもたらされることを私たちは知っている。

もう一つ、芋ごしという尊徳語録がある。人々の気持ちを一つにする方法は芋洗いと同じで、ごしごしと意見をぶつけあう。皆の言い分を全部出させて激論すると、いつのまにか芋がきれいになるように意見は統一される。栃木方面ではいまでも「芋ごし」は生きているそうだ。

金次郎は難しい哲学を説くにしても、身近な物を使って分かりやすく話した。人としてどう生きれば良いかを伝えた。「役に立たない学問など要らない。どこまでも自分が主人公で、自分が仕合せになるために学問も必要なのだ」という。

その金次郎が一生書き続けたのが、日記と家計簿だった。それらのすべてが現存しているわけではないが、残されていて『尊徳全集』三十六巻に収録されているものから、偉人金次郎ではなく、父として夫としての家庭内の金次郎像を描いてみたいと思った。平成の世を生きる私たちの人生に役立つ事が案外あるのではないかと思いながら、この偉大な夢想的なリアリストの足跡を追ってみた。

# 一　小田原の孤児

**砂書き習字手文庫**

金次郎が実際に習字の練習のために用いた砂入りの手文庫。「砂書き」という手法だった。金次郎の自作といわれているもの　（田中啓介氏所蔵）

二宮金次郎（尊徳）が出納帳を記入しはじめたのは文化二年（一八〇五）、十九歳の時のことだった。以来金次郎は生涯を通して欠かすことなく家庭内の記録としての出納帳、今の言葉で言えば家計簿を書き続けた。

出納帳を書き始めたこの年の正月は様々な意味で金次郎にとって特別なものだった。両親の死去によって孤児となっていた金次郎が伯父万兵衛方に寄宿して、足掛け三年が過ぎていた。この日、金次郎は自立のめどを立てて実家にもどったところだった。家は荒れ放題、家のまわりも草ぼうぼうだったが、金次郎はこの日の来ることをどんなに願ったことか。胸のうちから喜びがふつふつと沸き上がって来るのだった。

その日、正月十六日、金次郎は思い立って半紙を二つに折って右端をこよりで綴じた。真っ白な書籍型の日記帳が完成した。表紙に「日記万覚帳」と大書した。東栢山村　二宮銀右衛門と祖父の名を記した。あえて自分の名を書かず、祖父の名を記したのは、それこそが再興したい一家の祖となった人物だったからだ。

正月十六日　二十三日

一　銭弐百文　　内手ぬぐい

二月五日
一　弐朱　　　丑年かり
二月二十四日
一　四百文　　　かり
子年さし引きのこり
一　八十文　二月二十四日

最初の日、金次郎は「弐百文　手ぬぐい」と書いた。この頃、手ぬぐい売りという商売があって「手ぬぐい二尺五寸　三十八文」と呼び声を上げていたという。とすると金次郎の手ぬぐいは高すぎる。恐らく一本ではなかったのだろう。出納帳には手ぬぐいの文字が毎年登場する。家庭内で使うだけではなく、贈答用としても便利だったのだろう。

木綿が高値になると手ぬぐいも百文（五千円）を越えたという記録がある。金次郎は二本の手ぬぐいを買ったのだろうか。今、十九歳の金次郎はやっと我が家に帰り、一家再興の途についた日、まず人並みに手ぬぐい屋を呼び止めて、二本の手ぬぐいを買った。誇らしい気持ちだったに違いない。

しかし、その年の出納帳は終始「かり」の文字で埋まっている。二月九日の無尽の支払い一分弐朱（およそ一万九千円）も人に借りなければならなかった。四月のこやし代も「かり」だった。次第に農村の生活にも貨幣経済が入り込もうとしていた。

金次郎は誰よりも早くそのことを見抜いていた。一日も早く金銭を手にして苦境から立ち直らなければならない、と思っていた。失った農地を買い戻すにしても当たり前の事をしていたのではいつまで経っても埒は開かない。金次郎の錬金術実行の始まりだった。

幼いあの日、貧乏ゆえに母と涙したあの日のことを金次郎は忘れることはなかった。

父利右衛門が死去した年の正月だった。金次郎はまだ十四歳で一人前に働くこともままならない。十五歳を成人とした当時はそれ以下の者は半人前と扱われた。家には二人の小さい弟もいた。おまけに母よしも病弱だった。

東栢山村に大神楽がやって来た。賑やかな神楽が静かな村を沸き立たせ活気を呼び込むのだった。門から門へ神楽は進む。門前で舞を舞うと祝儀を包まなければならない。祝儀を包めない家でさえ、舞をことわる際に心付けの十二文（およそ六百円）を渡さなくてはならなかった。金次郎の家にはその十二文もなかった。

「どうしたらいいだろう」母よしはおろおろするばかりだった。この時、一番冷静だったのは十四歳の金次郎だった。「ないものはないのだ。どうすることも出来ないではないか」と金次郎は思っていた。急場を切り抜ける手立てとして、その時思いついたことは居留守を使うことだけだった。家中の雨戸を閉め切り家族全員押入に隠れた。じっと息を殺して神楽の一行が立ち去るのを待った。長い長い時間に思えていた。

「どうやら留守のようだな」「正月から留守とはよほど変わった家だな」などと大声で話しながら一行が先に進んで行くまで、押入の中の家族は小さな弟まで泣き声も立てなかった。この時のことを金次郎は弟子に語っている。「貧乏が悪いのは、人の心を卑屈にさせるからである。貧乏が哀しいのは人をみじめにさせるからである」と金次郎は語った。

神楽の心付けもかなわなくなった頃から、東栢山の村人たちは金次郎一家を貧乏人として切り捨てるようになっていた。「あんなに家の世話になりながら、世の中は冷たいものだ」と母はぐちを言った。「手のひらを返すとはこういうことだったのか」と嘆くこともあった。この家はいつの間にこんな逆境に陥ってしまったのだろうか。金次郎の出生の頃の二宮家を振り返ってみたい。

天明七年（一七八七）七月二十三日、二宮の家で男子が出生する。金次郎と名付けられた。祖父銀右衛門はこの孫の出生を非常に喜んだと伝えられる。しかし、この同じ年、銀右衛門は逝去する。まるで孫にたすきを渡した駅伝選手のように安心して銀右衛門は静かに旅立った。

銀右衛門は栢山村組頭二宮万兵衛の次男として生まれた。当時の次男三男の宿命で銀右衛門は親から農地を相続することが出来なかった。それが彼には耐えられなかった。「土地を持たない農民なんて何の値打ちもないじゃないか」と彼は思った。しゃにむに働いた。「人が八時間働くのなら、おれは十時間働くのだ」と言って寝る間も惜しんで彼は働き、ついに近隣一の土地持ちとなった。二町三反六畝の土地を所有する大地主になった時、銀右衛門ははたと気付いた。彼はついに結婚の機会を失ってしまったのだった。妻を娶る暇も惜しんで働き続けなければ、これだけの土地は自分のものにはならなかったのだ。

折角入手した土地を相続する者がないのでは情けないではないか。銀右衛門は兄の息子の利右衛門とその妻よしを夫婦養子として迎えた。利右衛門も次男坊で親の土地は貰えない。渡りに船といった形で銀右衛門の家に入った。

しかし利右衛門は銀右衛門とは正反対の人物だった。田畑で働くよりは机に向かって書物を読んでいる方を好む男だった。妻よしは曽我村の組頭川久保太兵衛の娘だったので、農村の女性には珍しく学問が出来た。言ってみれば、苦労人の独り者のところに育ちの良い夫婦養子が入ったといったところだろうか。おまけに利右衛門は無類のお人好しだった。人は「栢山の善人」と呼んだ。

それでも銀右衛門の目が黒いうちは何事もなかった。孫の誕生と入れ代わりに銀右衛門が世を去ると、身代はがたがたとくずれ始めた。利右衛門の人の良さを利用して近隣の者たちが〝たかり〟や〝ゆすり〟を始めたのだった。誰かが利右衛門から甘い汁を吸ったとなると他の者は黙っていない。我も我もと押し掛けてたかったり、ゆすったりした。全員が悪者になった。自分だけが良い思いをしないのは不当だと考えるのが、閉鎖された農村のやり方だった。

利右衛門夫婦は見る見る財産を減らして行った。しかし、夫婦は危機感を持つこともなく、生活態度を改めようともしなかった。金次郎は畑で汗する父の姿を見ることはなかった。父はいつも机に向かって座っていた。その父は金次郎に言った。

「並みの百姓で終わるなよ」。それが、父の口癖だった。実情は並みの暮らしもままならない日々が訪れても、父のせりふは変わらなかった。現実味のない父の生き方は一家を不幸に導いていたし、父の深酒は父自身の体をむしばんでいた。

寛政三年（一七九一）八月五日、小田原地方に大型台風が襲来した。金次郎が五歳の時のことだ。酒匂川の土手が決壊して、溢れる水量は田畑にかぶりはじめたのだった。田植えを終えたあとの水田に水は流れ始め、半鐘は鳴り続けた。金次郎はその洪水の夜の様子をじっと見ていた。祖父銀右衛門が一生かけて築いた財産が流れ去って行く様を見つめ続けた。この世には確かなものなどないに違いない。形あるものはいつか消えて行くのだと幼い頭に刻み付けたのもこの夜のことだった。

洪水が去ると何事もなかったかのような、光り輝く夏の日がやって来た。村人たちは気を取り直して野良に出た。取り敢えず失われた農地を回復させなければならなかった。ぐちを言っている暇はなかった。それが農民の宿命であるかのように、洪水のあと拭いを始めるのだった。

二宮家でも残されていた一町六反の田畑を水につけてしまっていた。一日も早くこれらの土地を回復させなければならなかった。しかし父利右衛門はその時、すっかり意欲を失っていた。人を雇い入れるための金銭もなかった。村人に用立てしたものを返して貰えばいいのだが、「困っているのはみんな同じだ」と利右衛門は言って取り立てをしようとはしなかった。妻よしも夫のやり方に異議をとなえようとはしなかった。のちにこの話を聞かされた金次郎は両親のけたはずれの善意に舌を巻いたという。

お伽話ならこんな善良夫婦は仏の力で幸福を得るのだろうが、現実の世界ではめったなことでは救われない。そんな飛び切りのお人好し夫妻の長男である金次郎こそ良い迷惑だった。その後長い間、金次郎は苦難の道を歩むことになる。

後世、芥川龍之介は「金次郎の出世は本人にとっては名誉であるが、その両親にとっては、はなはだ不名誉な物語である」と言ったが、金次郎はこの両親を最後まで敬愛し続けた。それは建前としての親孝行ではなく、心底両親の長所を見抜いていた。

ある時、十二歳の金次郎が働きに出て、ほんの少しのお金を得ることが出来た。金次郎はその金で父のために酒を買って帰った。収入もなく、体をこわして寝込んでいる父親はどんな顔でその酒を飲んだのだろうか。金次郎はこの時、もう子供ではなかった。体の弱った父を喜ばせたいと願う立派な大人だった。

その頃のことだった。村には共同体を存続するために各家が労働力を提供する習慣があった。一家で一日一人分の労働を担わなければならなかった。病床にある父に代わって、十二歳の金次郎が二宮家からは出された。十二歳といっても金次郎は成人すると身の丈六尺（一八〇センチ）体重二十五貫（九十四キロ）の大男となったくらいだ。大人並みの体力も体躯もあったが、規則は規則だった。十五歳を成人とするこの時代、それに満たない男子と女子は如何に力があろうとも、一日半働いてやっと一人前という計算だった。

金次郎は半人前の自分が堤普請に出るのでは村の人々に申し訳ないと考えたが、年齢を変えることは出来ない。金次郎は草鞋を作って働く人々に提供することを思いついた。夜業仕事で作り上げた草鞋を金次郎は片方ずつ野良に置いた。「わらじは必ず片方ずつ壊れる」金次郎は働く人を見ていて気付いた。あちこちに何気なく置かれた草鞋はすぐに役立った。

「人の役に立つ人間になれ」と教えたのも父であった。

金次郎が他家で働いた賃金で松の苗を買い、酒匂川の堤防に植え始めたのもこの頃だった。洪水が来てあわてる前に松並木を育てることで田畑を守ろうとしたのだった。「それが子供の考えることかよ。薄気味悪いほど大人びているじゃないか」と人はあきれて金次郎のすることを見ていた。

金次郎はこの時、すでに大人だった。どこから見ても大人だった。というよりは金次郎は子供時代という幸福な時を持たなかった。大人に保護され、果てしない甘い時間をただぼーっと過ごすあの長い至福の時を金次郎は持つことが出来なかった。早くから大人となって考えを巡らさなければ生きて行けなかったのだ。

寛政十二年（一八〇〇）金次郎十四歳の年、父利右衛門は没した。四十八歳だった。短すぎたし、不本意な生涯であった筈だ。義父から受け継いだ財産を全て失い、妻子を赤貧の中に置いたままあの世に旅立って行ったのだ。心残りであっただろう。

その利右衛門が死去の五年前、積み立てをして村の衆とともに伊勢神宮に詣でたことがあった。学問好きな利右衛門は好奇心を満たされ、この旅にいたく感動していた。「せめて父の喜ぶことがさせてやれた」と金次郎はそのことを何回も語った。どちらが親か分からない。

しかし、金次郎はこの父から学問の手ほどきを受けた。母からも学んだが、漢籍は父から教えられた。寺子屋に行く余裕がなかったこともあるが、それ以上の学問を彼は両親から学ぶことが出来た。「百姓に学問は要らない」というのが当時の農村の常識だった。万事が常識とはかけ離れていたこの家では学問は何より大切なものだった。

「並みの百姓で終わるなよ」が相変わらずの口癖だった。百姓を超えたものとは一体何なのか。その頃の金次郎には理解を超えていた。それにも関わらず金次郎は父母の持つ理想というものに早くから気付いていた。それが金次郎の一生を決定したのだった。父のかかげた理想の灯を金次郎は受け継ごうとしていた。

しかし、現実は厳しかった。父の葬儀は伯父万兵衛ら親戚の人々の手を借りて行なわれた。嘆き悲しむ母は何の役にも立たなかった。長い間の父親の医者代と葬儀の費用は合わせて一両三分（およそ八万七千五百円）になっていた。大金であった。この時、二宮家にわずかに残されていた七畝二八歩の土地を手放した。これで二宮家の土地はほとんど無に等しくなった。そんなにまでして金を作り、医師村田道仙に届けると道仙は言った。「半分だけ貰おう。残りは生活の足しにしなさい」と。その申し出はありがたかった。文字どおりその日から暮らしに困るのだった。

生まれて間もない乳飲み子を抱えた母と金次郎たちにとって、たとえ農地が残されてもどうすることも出来なかったにちがいない。金次郎の賃仕事のわずかな収入で辛うじて生活は支えられていた。暮らしの維持のために母は乳飲み子の富次郎を隣村西栢山の伯父に預けることにした。

ある夜、金次郎は乳が張って眠れない母の涙を見た。我が子も乳を求めて泣いているに違いないと母は言った。乳飲み子を手放すことで上の二人の子供を救おうとした母は言った。「もうダメ。もうあの子と別れては暮らせない」と母は又泣いた。母の辛さを知った金次郎は夜道を歩いて赤ん坊を引き取りに行った。母もその金次郎の後を追った。

「飢え死にするならみんな一緒にそうしよう」金次郎は母を慰めた。その日から金次郎は一層働いて、母や弟たちを養わなければならなかった。十四歳で父親役をはたすことになった。

耕す農地も失った今、何によって生計を立てたら良いのだろうか。賃仕事は年中あるわけではない。金次郎は考えた。村の入会地の薪は誰でも採ることが出来る。「そうだ。薪を売りに行こう」。金次郎は小田原の城下に行った時、町の人々がお金を出して薪を買っているのを見た。村では薪はタダのものだ。栢山村のように山林のない平地でも近隣の山を入会地とし、村人が燃料用に薪を採ることは自由だった。それを町に運ぶだけで収入になることに十四歳の金次郎は着目していた。

栢山村から城下までおよそ二里半、金次郎は薪を背負って歩いた。道は一本道だ。ただ歩いているのではもったいない。ふところの書物を出して読みながら歩いた。父なきあとは医師の村田仙道が漢籍の師となってくれていた。「どんなに貧しくとも学ぶことを止めてはいけない」と父は言った。それが金次郎の誇りでもあり、支えにもなっていた。

薪を売り歩くことで金次郎は町の暮らしぶりをつぶさに学ぶことが出来た。村とは違って焚き付け一つにも金銭が動く。村では一年一度の収穫の一定額を年貢として差し出すと、その残りを貯えておいて、ゆっくりと細々と食べて行く。魚や農具を買うための金銭は米の一部を売って手に入れる。生活は年年歳歳変わることはない。

薪を背負って、本を読みながら城下に通う日々の中で金次郎は農村とはまったく違う生き方をする町の生活を見た。何を求めるにも金が動くのが町の暮らしだった。町では便所の下肥えの始末にも金が動いた。下肥えは農民にはかけがえのない肥料であって、不足すれば金を出して買わなくてはならない。しかし町の人々は金を出して引き取って貰っている。下肥えは二重に金を稼ぐ機会を持っていた。金次郎が実際に下肥えを栢山まで運んだかどうか、その記録はない。が、行きは薪を背負っていても、帰路は手ぶらになるのだ。下肥えの始末に困った町家の人に頼まれて村に運んだこともあったのではないだろうか。薪を背負って本を読む少年の姿は絵になって、その銅像は日本中の小学校に飾られたが、下肥え運びはさすがにはばかられたかも知れない。

金次郎は早くから、農村という一つの小さな世界で生きて行くことの矛盾に気付いていたと思われる。祖父銀右衛門は結婚する暇もないほど働いて、働いて農地を買い漁った。その時農地を売ったのは生活に行き詰まった者だった。父利右衛門はお人よしで働きのない人だったから、持っていた土地をむしりとられるようにして失った。村落という単位の中では誰かが金持ちになれば誰かが同じだけ貧乏になる。今の言葉で言えばゼロサム世界だった。父利右衛門の負の遺産を受け継いだ金次郎たちが苦難の道を歩んでいるのだ。

「しかし」と金次郎は考えた。このゼロサム世界を突き抜けたところに本当の幸せがあるに違いない。この狭い世界では所詮近隣がライバルとなる息苦しい生き方しか出来ない。「人の不幸は蜜の味」という卑屈な人生観が生まれたのも当然だった。「それはおかしい。みんなで幸せにならなければならないのに」と金次郎は考えた。やがてはここを超越して行かなくてはならないだろう。

とは思っても、何分にも金次郎は年端も行かないものだった。現実は神楽の祝儀にも事欠く貧しさだった。周囲は金次郎たちの赤貧を笑い物にして楽しんでいる最中だった。

享和二年（一八〇二）の春先、母よしの実家の父親川久保太兵衛が死去して葬儀という段取りになった。母は金次郎たちに葬儀用の白装束を着せて実家に出掛けたが、それはあまりにも粗末な衣裳であった。実家の跡取りである母の弟は言いにくそうに言った。「姉さん、済まないがお宅の者は葬儀に出るのを遠慮してくれないか」と。「その辺をうろうろするのも止めてくれ。体裁が悪くてかなわない」とも弟は言った。

着ているものが貧しそうに見えるからといって親の葬儀にも出して貰えない。そんなバカなことがあるものか。日頃大人しい母が烈火のごとく怒った。悲しい怒りがこの母を燃えるような激しさで一杯にしていた。

「貧乏は良くない」と金次郎は又思った。川久保の叔父は普通の村人で常識人に過ぎないのだ。叔父にそんな発言をさせたのは村人の他人の目を気にかける習性によるものだと金次郎は気付いていた。傍目というものが、村人の倫理の基準であった。自分の意思からではなく、他人がどう見るかで行動をする生き方が常にあった。「まったく下らない」と金次郎は思った。

しかし、貧乏ゆえに実父の焼香も出来なかった母の嘆きは深かった。血を分けた弟に侮蔑された怒りは強く切ないものだった。良家の娘として成長し、裕福な家庭に嫁いだ母が夫の腑甲斐なさのゆえに今、赤貧洗うがごとき境遇にいた。その境遇が疎ましかった。同じ自分であるのに何故そこまで軽蔑されなければならないのかと母はくりかえし泣いた。泣いて泣いて泣きおわった時、母は病の床についてしまった。

一カ月後、桜の咲く頃、その母は三人の男の子を残してあの世に旅立って行った。三十六歳の生涯だった。十六歳の金次郎を頭に十三歳の友吉、四歳の富次郎が孤児となった。子供三人で生きて行くにはあまりにも貧しかった。母の治療費と葬儀代を支払うと借財だけが残された。

父母の親族は会議を開き、母方の川久保家が下の弟二人を引き取り、金次郎は父方の伯父万兵衛門宅に預けられることになった。不本意ではあったが、金次郎は大人たちの采配に従うしかなかった。

「今に見ていろ」という気構えは隠して、金次郎は万兵衛宅に移ったのだった。その日からの三年は金次郎にとってあらゆる意味で修業の日々であった。「艱難、人を玉となす」という言葉どおり、この三年が金次郎の生涯の基礎となったと考えられる。

昼間はあたかも作男のごとく、万兵衛門の田畑を耕作したが、夜は自分の時間だと考えて寝る間を惜しんで勉強した。どんな逆境にあっても学問を続けることは金次郎の意地でもあった。そして亡き父の遺言でもあった。

しかし、その父の兄に当たる伯父万兵衛門は父利右衛門とはまるで違っていた。「百姓に学問は要らない。汗して働いてこそ人は豊かになれる。幸せになれる」と伯父は考えた。なまじ学問などしたから、弟は家をつぶしたのだと固く信じていた。その弟の長男が毎夜勉強をしている姿をみつけると、ひどく腹が立った。

本を読む喜びを知らない伯父は自分の家の寄宿人である若造が幸せそうに本を読んでい

る姿を見ると無性に腹立たしくなるのだった。後世、この時の万兵衛の態度は孤児をいたぶる意地の悪い伯父さんとされ、金次郎物語の悪役とされるが、当時の農村の常識としては万兵衛の発言は至極当然のものであった。変わっていたのは金次郎の方だった。本を読む百姓で大成したという前例はなかったのだ。伯父の危惧も当然であったかも知れない。しかし、金次郎はひるまなかった。夜は自分の自由時間である筈だ。何をしていようと干渉される事は無いのではないかと金次郎は反論した。金次郎が理路整然と説明すると、伯父は苦し紛れに灯油のことに触れた。「第一、灯り用の油がもったいない。油はタダではないんだぞ」と伯父は言った。

確かに本を読むには油が必要だった。菜種油を燃やして明かりを得ていたのだ。金次郎は「それなら自分で油を採れば良いのだろう」と考えた。

早速、金次郎は村人から少々の菜種を借りた。それを酒匂川の堤を開墾して作った畑に蒔いた。七、八升の菜種が採れた。それを小田原に持って行くと自分用の油の他に人に売るほどの油になった。借りた種はすぐに返すことが出来た。金次郎は思った。「大地は自分の味方だ」。孤児の自分にたっぷりの油を贈ってくれる。「大地こそ孤児の自分の父なのだ」

と感激するのだった。

油を得るまでの間、金次郎は昼間の時間を上手に利用することを覚えた。臼をひく間も惜しんだ。一回廻っては本を読み、本はいつも身辺から放さなかった。「グルリ一遍」という渾名がついたのはこの時のことだった。農作業の間のほんのわずかな時間も惜しんで本を読む変わった百姓が周囲からは奇異に見えたのだった。

その頃のことだ。村々では田植えを終えて一息つく季節だった。金次郎は伯父の命令で使いに出されたことがあった。田圃のあぜに捨てられている稲の束を見付けた。気がついてみると稲の束はあちこちに落ちていた。稲の束などは農家にとっていくらでもあった。捨て苗はありふれたものだった。

「何故今まで気付かなかったのだろう」金次郎はワクワクして稲の束を拾い集めた。それを例の菜種油を植えるために開墾した自分の土地に植えた。荒地は所有者のない役立たずの土地だった。おまけに登録されていないのでこの土地に年貢はかからない。江戸末期のこの頃、年貢は年々高くなって六公四民や七公三民が当たり前になっていた。つまり十の収穫があっても自分の取り分はたったの三になってしまうのだ。金次郎の無税の荒地が十分の三しか収益を上げなかったとしても、変わらないことになる。

　年貢を集めるための検知は六年に一度行なわれる。金次郎はそれまでは無税の田圃を維持することが出来るのだった。金次郎は伯父の家にいる時から荒地の開墾をして、捨て苗を植えて行った。独立の際、二十俵の米を手に入れていた。それが十九歳の金次郎の再出発のタネになったのだった。

　喜びの日、新しい出納帳を綴じて日常の記録を開始した。たとえ「かり」の文字で一杯になったとしても、とにもかくにも自分の道を歩き始めたのだ。金次郎はその「かり」の文字をすぐにも消せる自信があった。

# 二　一家再興

金次郎生家

天明８年（1810）24歳の金次郎は１町４反５畝20歩の田畑を取り戻し、失った生家を新築した。その家を売り払って野州桜町に移住してしまった。後世、他人名義となっていた金次郎の家を伊勢の真珠王・御木本幸吉が買い戻した

（報徳博物館提供）

「失ったものを取り戻す」これほど明瞭な目標はない。青年金次郎はまずこの事から手をつけた。

文化三年(一八〇六)、金次郎は二十歳になった。また一冊新しい出納帳を下ろした。白い表紙には「算用日記扣帳」と記した。この一冊が金次郎の一家再興への大きな一歩を記すものになろうとは、まだ当人も気付いてはいなかった。

まだまだ金次郎は貧乏の中にいたのだった。春先のことだった。そろそろ菜種を播きたいと金次郎は考えていた。しかし、鍬がない。たった一本あった古い鍬は鍛冶屋に修理に出したままだ。戻って来るまでにはまだ時間がかかる。「困ったなあ」と金次郎は思った。隣家に鍬を借りに行った。

が、その家ではまだ種播きが済んでいなかった。「鍬を貸すわけにはいかない」といわれてしまった。「それではまず、お宅の種を播きましょう」。金次郎はそのまま、その家の畑を耕し始めた。そして菜種の種を播いてしまった。半日で仕事は終わった。

「お宅の畑は済みました。鍬を貸していただけますか」と金次郎は言った。相手はもう「いや」とは言えなかった。それどころか「これから必要な時はいつでも言ってください」

と隣の人は言った。

これが金次郎の方法だった。もっと貧しい頃にもこんな事があった。一椀の飯を恵んで貰いたいと思ったことがあった。「飯を馳走してくれたら、お宅の庭を掃きましょう」というのでは飯は入手出来ないことを金次郎は知っていた。まずその家の庭を黙って掃くのだ。相手は「飯でもどうかね。何もないが食っていってくれ」と一椀の飯を差し出すことだろう。金や物を要求して相手に働きかけるのではダメだ。人を動かすためにはまずこちらが働きかけるのだ。金品は結果として手に入るものだと金次郎は語っている。

金次郎はそういう事を人に教えられたのではなかった。貧しい生活からよじ登る過程で学び取ったものだった。「天地は書かざる経を繰り返す」と金次郎は言った。真実はこの天然の中にこそ隠されているとも言った。落葉を払い除けると本当のものが見えて来る。本当の先生は天地なのだと金次郎は悟っていた。

寅年のこの年、金次郎は去年の出納帳の「かり」の文字に縦棒を引いて、ケリをつけることが出来た。それればかりではなく、この年初めて貸付金の項目を書き込むことが出来たのだった。「借りる人」から「貸す人」に変わるのは簡単なことではなかった。わずかな時間でそれを成し遂げた金次郎の手腕について人は驚異を感じるのだった。

「貸付金銭　十貫百九十文（約十三万四千五百円）」という文字が出納帳で光っている。一体どんな魔法が使われたのだろうか。年の始めには隣に鍬を借りに行った男が、年の終わりには他人に金を貸すようになっていた。実は金次郎の魔法は両親を失った当時から、着々と進行していたのだった。荒地を耕して捨て苗を植えたのもかなり前のことだった。

小田原の町に薪を売りに行き、下肥えを買い集める暮らしを続けた。他家の農作業の手伝いもした。病弱だった両親とは比べものにならないほど金次郎の肉体は頑健だった。

祖父銀右衛門も顔負けなほど、精力的に働いた。だが祖父のように働き詰めだけの生涯を送ろうとは、金次郎は思わなかった。その証拠のような文字が出納帳に残されていた。五月二十八日「くりやう」という言葉が初めて登場する。それはいささか誇らしげだった。「くりやう」とは俳句の師匠に渡す授業料である。「くりやう」十二文（約六百円）をその日、金次郎は支払った。

これまでは農民が俳句作りに興ずるなどという贅沢は考えられないことだった。農作業の進歩は時間の余裕を生んだ。俳句会は全国の農村で熱狂的に生まれていた。金次郎は文化的な活動を渇望していた。文学的な才能も豊かだった。「俳句作りをしてみたい」という願望は前からあった。

金次郎は張り切って句会に出掛けて行った。貴重な労働時間を割いて出掛けて行ったが、まもなく金次郎は失望してしまう。句会に集まって来る者は生活に余裕のある地主の老人が多く、そういう人々の暇つぶしのような感じだった。金次郎は自分の求めるものとはかけ離れていることにすぐに気がついたのだった。

二十歳のこの年「くりやう」三回、総額百十文（五千五百円）を支払っただけで彼の俳句趣味は終わりを告げた。彼の家計簿から俳句の費用の文字は消えている。この頃、作句したものが十五句残されている。短冊に自筆で記したものだ。

「蝶々や　日和り動いて　草の上」

「暮るるとも　思はず　花の山路かな」

「山吹や　古城を守る　一つ家」

「山雪」という号もつけて貰って、俳諧師を夢見る青年金次郎がそこには残されていた。しかし、彼の本領はそれではなかった。すぐに彼は気付いて立ち返る。自分を一番生かしきる世界へと戻って行った。俳句作りに興味と情熱を示しながら、金次郎は一年余の俳句生活に終止符を打ってしまった。

が、後に人生の指導者として人にものを伝授するとき、金次郎は盛んに道歌を利用するようになるが、その時この二十歳の経験が役立っている。金次郎の人生に無駄な時間というものは一分もない。

ところで、この年四月八日、金次郎はかさを買った。百六拾四文（およそ八百二十円）だった。元禄の頃から蛇の目傘が流行り始めたが、かなり高価なものであった。番傘でも二、三百文はした。農民などのように外で働く者にとっては両手が使える菅笠の方が楽だった。金次郎があえて傘を買ったわけは何だったのだろう。実直堅実な金次郎がこの年には珍しく贅沢品の買い物をしている。

五月二十五日には、びん付け油を買った。四十文（二千円）だった。茶も買った。三十文（千六百円）だった。八月五日、魚を買った。三十六文（千八百円）だった。

さらし百六十四文（八千円）、木綿じま二百五十文（一万二千五百円）を春先に買った。生家に戻って日も浅いというのに、金次郎は惜し気もなく金を使った。自身の贅沢だけではなかった。寺への寄付百文（五千円）、弟友吉へのこづかい百文（五千円）などにも金を使う事が出来た。もう無尽金、二分（約二万五千円）も人に借りずに支払えた。そればかりではない。金次郎はこの年の始めに五両二分二朱（二十八万円余）の金を人に貸している。

この年の金次郎の家計簿は実ににぎやかだった。経済力を持った金次郎が自分にはめていたタガをはずして思いっきり散財をしてみる。金の魅力を存分に味わってしまう。それも彼の計画の一端であった。

他人の不幸の上に成り立つ幸福というものに金次郎は嫌気が差し始めて来る。そうした気持ちがいつの間にか金次郎の心に育ち始めていた。そんな矢先、金次郎の生き方に風穴を開けるような出来事が立て続けにおこった。

文化四年、一家再興を着々と進める金次郎の元に届いたのは弟富次郎の死去の報せだった。富次郎は九歳だった。思えばあの日、乳飲み子の富次郎を母は求めて泣いた。その母にも死なれて富次郎は母の実家曽我別所で祖母の手で育てられていた。薄幸な子だったが、富次郎は賢かった。金次郎はどことなく自分に似た所のあるこの弟に期待をかけていた。

将来、この弟が自分の片腕になってくれるのではないかと考えていた。

文化四年六月五日、金次郎は「二宮銀右衛門」の名で葬儀を出した。「よろづこころおぼい」と記してこの日の金銭及び物品の出入りを金次郎は残している。その記録は当時の農村のごく普通の葬儀の様子を伝えている。死去したのが九歳の子供であったせいか、葬儀は割合、簡素なものだった。それでも葬儀は農村暮らしにとって、大きな出来事であり、行事でもあった。

金次郎と縁のあった八人ほどが今でいう香典のようなものを持参している。ほとんどがそれらは「うどんこな　二升」「とうふ　一丁」「せんこう　五わ」などの物品であった。ただ一人円蔵という者が銭百文（五千円）と白米一升を持って来た。農村では物品が金品と同じ値打ちであったことが分かる。一方、香典というものは施主が寺に届けるものであった。金次郎も銭五百文（二万五千円）を香典として寺に届けた。合わせて小僧に二百文を届けている。この寺とは金次郎の先祖代々の菩提寺善栄寺を指す。

寺への献上品はお金ばかりではなく、「あぶらげ、とうふ、せんべい、しいたけ、はりもめん、しほ、おかし、さけ、しみこん」などもあった。それらを金額に置きなおすと、一貫八百十二文（約四万円）になった。合わせて六万五千円の費用がかかったことになる。その他、弟が世話になった曽我村の母の実家にも十分な御礼をした。

金次郎の財力がそれだけの葬儀や寺への対応を可能にさせたということでもあっただろう。それにしても、日常の質素な暮らしに対して葬式費用の負担の大きいことには驚かされる。金次郎が子供だった時、両親を亡くした際もそれなりの負担はしなければならなかった。貧しかったし、幼かった金次郎もそのつど所有地を売って葬儀代を捻出したのだった。その上、墓石も立てなければならなかった。

金次郎は人の死が残された者にかける負担について疑問を感じていた。だからこそ、七十歳になって自身が死の淵に立った時、残される者たちに言った。「私が死んでも墓などはいらない。松の木の一本でも立ててくれればそれで良い」と言い残している。葬儀に大金を費やす習慣への抵抗であったのではないだろうか。

弟を盛大に葬った同じ年、金次郎は九畝十歩の土地を買い戻した。葬儀に大枚を費やしたにもかかわらず、父の代に失った父祖の地を買い戻す計画をひるがえそうとはしなかった。文化六年、二十三歳の年には田二反八畝二十八歩を十両一分（約五十万円）で買った。

毎年毎年、金次郎は土地を買い続けた。とにかく、失ったものだけは取り戻すのだと金次郎は考えていた。

その結果、三十一歳の時には三町八反の土地持ちになっていた。それは祖父銀右衛門の到達した二町三反六畝を越えてしまっていた。そして、三町八反という所有地は足柄地方で並ぶ者のないものだった。

そこまでに至って金次郎はある重大な事実に気付いてしまった。それはこういうことだった。彼が土地持ちになったことは確かに、彼のためにはこの上ない幸福だった。かつて祖父が死に物狂いで二町なにがしかの土地を持った時もこんな風に満たされた気分であったに違いない。しかし、父の時代にはそれらを全て失ってしまう。孫に当たる自分の時になってそれらを取り戻すことが出来た。

「そんな事を繰り返すことは虚しくはないか」金次郎は醒めた目で全てを見た。こんな繰り返しは虚しい。小さな村落の中で誰かが土地を買い漁れば、その分だけ土地を失う者がいる。幸せな者が居れば泣く者が居るということだった。村の耕作地は限界を持つものである。金次郎がしたように川原や荒地を開拓したとしても、それでさえ限度がある。限られた土地を奪い合うことでしか、自身の栄達はないのだ。

「いっぱい世界のふえ世界」と金次郎は表現した。人はいっぱい世界の中で自分の土地を増やそう増やそうと躍起になっている。隣村に手を伸ばそうと全国を買い漁ろうと「いっぱい世界」の総量に変わりはない。そこにあるだけのものをやりとりして増えた減ったと一喜一憂しているのは愚かなことだと金次郎は気付いた。「ふえ世界」とは無から有を生み出すもので、天地の恵みを知恵によって生かすことだと金次郎は考えた。たとえば荒地を耕すことは「ふえ世界」の代表的なもので他人から奪う幸せではない。天から授かる幸せだと金次郎は言った。

一家再興という目的が成就に近付くと、また新しい視野が開け始めた。しかし、弟富次郎の早世は衝撃的だった。そんな矢先、金次郎を一層孤独にさせる事が起きた。もう一人の弟友吉が川久保本家の跡取りに決定したのだった。実直な働き者の弟が見込まれて母の実家の後継者となるのだ。ありがたいことには違いなかったが肉親が一つ家に暮らすという夢は消えて行った。金次郎はその後も折に触れて友吉に小遣い銭を与えることで兄としての気持ちを表わしている。出納帳に残る「友吉　百文」「友吉　としだま」などが金次郎の弟への愛情を物語っている。肉親が共に暮らすことが出来なくとも兄弟なのだとそれらの文字は語っている。

それにしても、「結局、自分一人なのだ」という思いが金次郎を強く支配し始めていた。思い切って富士登山の旅に参加したのはそんな淋しさを埋める気持ちもあったのだろう。

文化七年の夏、二十四歳になった金次郎は富士山に登った。栢山村は富士山をまっすぐに見られる位置にあった。四季折々の、そして朝夕の美しい富士を金次郎は仰いで暮らしていた。「一度、あのてっぺんに立ってみたい」と考えるのはこの地に住む青年たちの共通のものだった。

六月二十八日に栢山を出発して、七月二日に戻って来た。四泊五日の旅だった。費用は金一分と銭五百文（合わせて三万七千五百円）かかった。「ふじの山のぼりつめたる夕べには　心の宿に有明の月」と金次郎は富士山を歌った。

足柄平野を潤す酒匂川がその源流を富士山に発することを金次郎は意識していた。のちに金次郎は自身を「不二の白雪が朝日に解けて流れる郷の産」と称したが、富士山への愛着と誇りは大きかった。江戸の町人たちが不二講流行の波に乗って富士山頂を目指すのを金次郎は誇らしく思っていた。家の中からも、大きな富士を眺められる自身の生地を自慢に思うのだった。

富士山頂に立ったことで、金次郎の視野は一段と広がった。この年の秋、金次郎は忙しかった。

十月七日、金次郎は伊勢講の仲間と共にまず江戸に向かった。これも習わしだったのだろうか。栢山村の人々が「花向」の金品を旅立つ金次郎に贈っている。その送り主の数は三十四人にも及ぶ。一人一人の「花向」は最高でも二百文（約千円）、生あじ十五尾や生たい七尾という「花向」もあった。平均では百文（五百円）ぐらいになるだろうか。

金次郎はそれらの餞別を「花向扣帳」として克明に記入した。それらの人々が伊勢講に出発する時は同じ額の餞別を贈らなくてはならない。それが村内の付き合い方だった。こうした場合にはどうしても記録というものが必要になる。当時の日本の農村での戸主の識字率が七〇％近かった（大井町などの例）というのも合点が行く。

さて金次郎は村内の人々から餞別を貰って江戸に向かった。道中の人数はどれほどであったか分からないが、伊勢講の積立金が貯まったものから旅立ったのだろう。旅は江戸からまず京都に向かい、大阪を見学し四国に渡って琴平参りをして高野山、吉野、奈良を巡ってやっと伊勢にたどりつく。戻って来たのは十一月二十四日のことになる。なんと五十日近い旅だった。

江戸時代の農民には自由勝手な旅は許されていなかった。農地を離れることはもってのほかだった。ただ信仰のための「伊勢参り」や「善光寺参り」「富士講」などが許された。男たちにとって、積立金を満了させて旅立つことは生涯の目標でもあった。信仰の旅だということを表向きの建前として、男たちは家庭から解き放たれ、旅の空で気ままな遊びも可能だった。江戸のこの時代、旅は農民たちを魅了する一大産業となっていた。旅を企画したり、案内する仕掛人もいたのではないかとも思われる。

金次郎のように二十四歳で伊勢参りが出来る者は数少なかったのではないだろうか。

金次郎はこの時期にこそ、広い世界を見たいと考えたに違いない。それが金次郎の生きる空間を広げてくれる筈だった。実際、この時期の彼の旅は後の彼の活躍に様々な意味で役立っていると思われる。

金次郎は伊勢参りの旅から戻ると計画どおり、家の新築に着手した。忙しいことだ。金次郎は「家普請万扣帳　文化七年十二月吉日　二宮銀右衛門」という一冊を残した。表紙の裏には「こころ一つおぼいちょう　二宮金次郎」と小さく記した。

これは家普請にどれほどの金額がかかったかの記録かと思いきや、そうではなく、村の男たちが労働力を提供してくれた記録の一覧表だった。村落というものが互いの協力なしには成り立たないことが良く分かる。しめて五十二人の男たちが金次郎の新築家屋に関わった。その他、飯炊き女五人もやってきた。米や酒、魚などを金次郎は働き手たちに差し出している。

大工や壁塗り、屋根葺きなども近隣の久野村の農民が兼業としてこなしていた。政蔵と弥市二人が来て、五百八十一文（二千四百円）で請け負ってくれた。足柄平野の中で自給自足が出来ていたことが分かる。その他、「くぎ代」「畳代」「竹の代金」などに総額三分二朱と五百七十八文（六万円）ほどの現金が必要だった。

村内の新築は、祭りのような賑わいであり、一家一人の労働力提供も苦にならず、むしろ楽しみ事でもあった。金次郎の記録でも分かるように食料費に金がかかっている。他家の普請に事寄せての飲み食いは平坦な村の暮らしの彩りにもなっていたのだろう。それにしても農村暮らしでは何をするにも、村内の人々の協力が必要だった。結婚、出産、普請、葬儀、法事などどれ一つ取っても一軒では出来ない。年貢も村単位で支払うのだから、協調が何よりも大事だ。

農村の人々が個人主張を少なくして、なるべく近所の家と足並みを揃えて生きることが必要だった。「出過ぎず、目立たず、それでいて不足なく近隣と関わる生き方」が要求された。「出る杭は打たれる」と出しゃばることを忌み嫌った。他人の目を気にして生きる日本人独特の道徳観が育った土壌を見る思いがする。

こうして、金次郎の家は年内には完成して、正月は新しい家で迎えることが出来た。二十四歳でみごとに新築を成し遂げた金次郎は周囲の信用を勝ち取る事が出来た。「大したものだ」と金次郎の苦難を見てきた村人たちは言った。一年のうちに富士登山と伊勢参りと新築をやってしまうこの若者は驚異に値いするのだった。

「金次郎、一段落」というところだろうか。この頃のことを金次郎はのちに振り返ってこう言っている。「富者の子供は実に可哀相だ。生れ乍らにして、もう高い山に登りつめてしまっているからだ。その点、貧しく何も持たない子供は幸せだ。登る山があるからだ」

と金次郎は言う。二十四歳の時点で一つの山に登り切った金次郎は一つの悟りを開いていた。またあらたに登る山をみつけなければならなかったのだ。

「並みの百姓で終わるなよ」。亡き父の声がどこからか聞こえて来た。並みの百姓になった今、父の声は一段と大きくなって金次郎に迫って来た。

金次郎は小さな成功にしがみつこうとはしなかった。何かを得てもそんなものは屁でもないと、それを蹴飛ばして前進して行く。安住の地はなかった。前に進むためには何をしたらいいのだろうか。

金次郎は又歩き始めた。

# 三 服部家若党

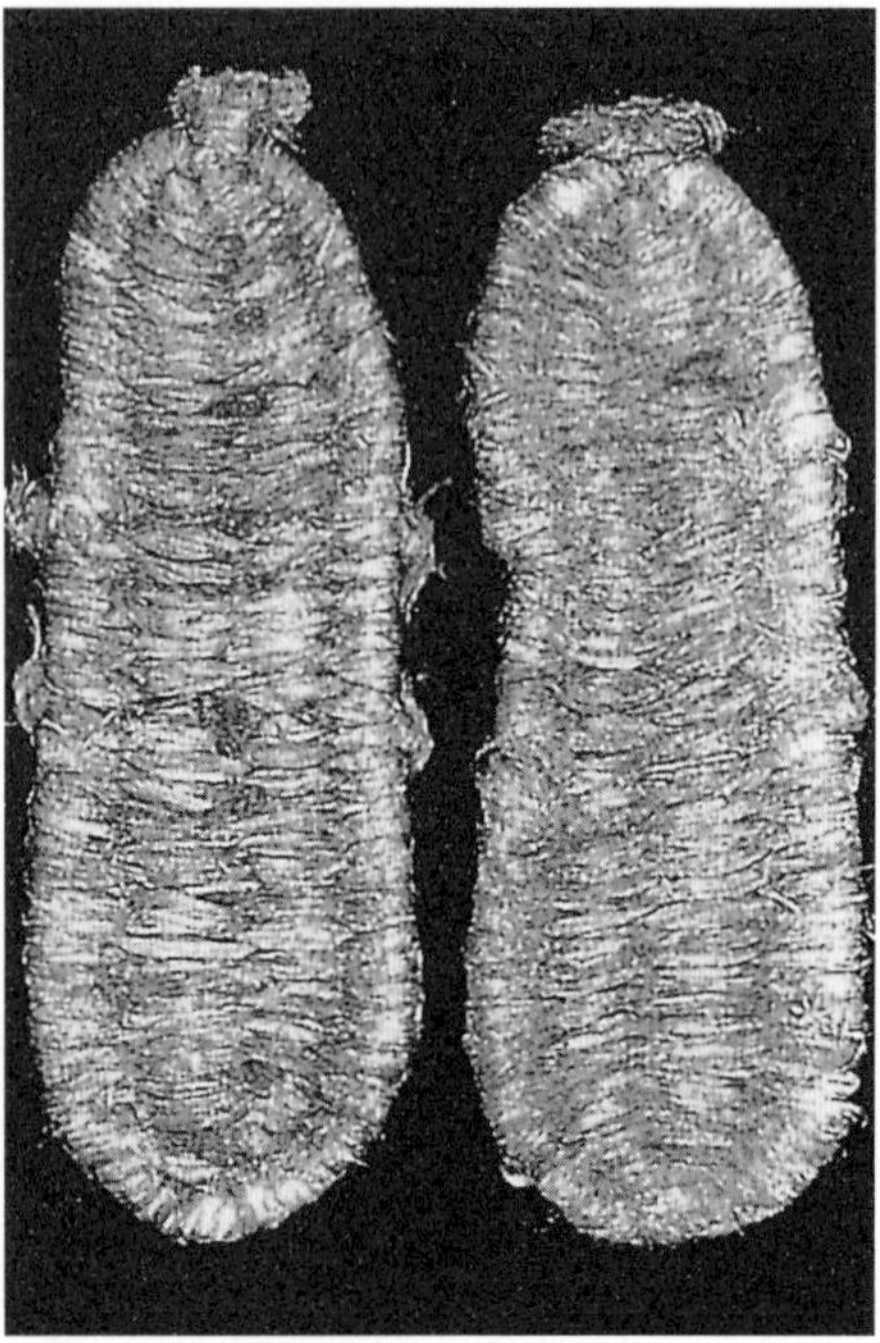

**尊徳のわらじ**

長さ９寸５分（28センチ）幅は中央で３寸４分（10.3センチ）のわらじは実に大きい。尊徳は身長６尺（１メートル82センチ）体重２５貫（94キログラム）の大男だった

（額田伸一、順子氏所蔵）

文化八年（一八一一）三月二十三日、二十五歳の金次郎はその年の家計簿に「ゆ」十五文（七百五十円）と記した。若い金次郎がなぜ「ゆ」に入ったのだろうか。しまり屋の金次郎が十五文も出して「ゆ」に入っている。それもひんぱんに「ゆ」の字が家計簿に現われるようになった。この年、一年間で四十三回もの銭湯通いをしている。月に三・五回もの計算になる。金次郎の心境の変化をさぐってみたい。

この日、小田原の城下に出た金次郎はいつものように、薪を背負っていた。帰りには下肥えを買い上げる。その下肥えは自家で余れば、他家に分け与えた。町の暮らしでは不用のものであり、邪魔なものである下肥えが三里（一〇キロメートル余）運んだだけで宝物になる。利潤が生まれるのだ。しかし、金次郎は下肥代を出納帳に記載することはなかった。おそらく無料で分けたのだろう。

そんな金次郎の小田原通いにこの日、変化が起こった。金次郎は半紙を少々買い求めた。その後で「ゆ」に入り、髪結いを頼んだ。心境の変化だったのだろうか。金次郎はようやく生活にゆとりを感じ始めていた。

見回してみると、小田原城下は賑わっていた。文化・文政のこの時代、小田原の町は江戸を立って伊勢参りや富士講、大山参りに向かう旅人の通過点として繁盛していた。宿場町として定められていた小田原宿だったが、旅人は貪欲だった。同じことなら「箱根の湯本温泉で湯治をしながら一泊したい」と考えた。素通りされる小田原宿にとっては由々しき事態だった。文化二年、小田原藩は道中奉行に申し出て裁判となったが、結局、湯本温泉の主張する「一夜湯治」は認められることになってしまった。

その代わりとして、小田原宿の「飯盛り女」の許可が下りた。旅人の世話をする女性が遊女の役割も果たすのが「飯盛り女」だった。時代が進むと「飯盛り女」は旅人だけではなく領民の相手もするようになって行く。その事を戒める書類も残されている。

化政時代の民衆の旅行ブームは小田原をも活気付かせていたことが分かる。それればかりではなかった。ひんぱんに小田原に向かう金次郎はこの町の別の熱気を感じ取っていた。小田原の武家屋敷から聞こえて来る子供たちの読本を読み上げる声がこの町に満ちていた。それはいまだかつてなかった事だった。

「なぜだろう?　この活気は」金次郎はこの変化について知りたいと思った。人の集まるところ、人が気楽に噂話をするところ、それが医者の待合室と銭湯だった。健康な金次郎は医者には行けない。そこで銭湯通いが始まった。町の銭湯は金次郎が狙ったとおり、噂の宝庫であった。

「この世の中は、上に立つお人次第だよ。今のお殿さまは大したものだよ」

「忠真さまは大したもんだ。名君とはこの方だよ」

金次郎はそんな風に町民に噂される大久保忠真という名君について関心を持った。寛政八年（一七九六）に大久保忠真は藩主となった。金次郎が九歳の時のことだ。忠真は藩財政の窮乏と領内の疲弊に直面させられた。その上、外敵に備えて海岸防備もしなければならなかった。大阪城代、京都所司代を経て、文政元年（一八一八）幕府老中にと忠真は栄進した。自身の出世は小田原藩の幸せであると考えていた。藩内を豊かにすることが出来るからだった。

忠真は「文教の奨励」というものを提唱した。若者の教育及び内的充実をこの藩主は図った。重ねて倹約と国産奨励によって藩政再興を成し遂げようとしていた。金次郎はその後、小田原に出る度に「ゆ」屋に通い、情報収集に専念した。

一方で武家屋敷の裏口に廻って、下肥えを集めた。そうするうちに、金次郎は小田原藩の筆頭家老服部家に足繁く出入りするようになった。この家の息子たちが熱心に素読するのを金次郎は羽目板の外からじっと聞き入っていた。学問に対する情熱が金次郎の体の中で騒ぎ始めていた。

服部家の裏に出入りするようになってから、金次郎は汚れた庭を掃いたり、壊れた木戸を直したり、時には使い走りをしたりして小まめに働いた。そうするうち金次郎は中島倉蔵という若党と懇意になった。倉蔵は金次郎の働き振りが気に入っていた。金次郎がここの家の若党になりたいというと倉蔵は大喜びで、用人の関谷周助に取り次いでくれた。関谷も金次郎の評判は聞いていた。「親が無くした田畑を買い戻した孝行者」という噂は城下まで届いていた。関谷は金次郎を若党としてよりも坊っちゃん方の勉強相手に採用したいと考えた。主人にその話をすると、大賛成だった。

間もなく服部家の若党として正式に採用されることになった。文化九年のことだった。栢山の田畑は小作に出して耕作を任せ、住み込みで服部家に入った。その際、関谷は言いにくそうにこう言った。

「金次郎では若党にしては名前が立派過ぎる。ここでは林蔵と呼ばせて貰いたいがどうだろう」と。金次郎に異存はなかった。金次郎にとって名前などは符号と同じであった。そうしたことには一切こだわらなかった。金次郎の名前も元来は金治郎であったのを小田原藩が間違えて記載したものだったが、生涯を通じて間違えられたまま金次郎を使用した。名前よりも中身なのだと芯から思っている向きがあった。

林蔵と名付けられた日から金次郎は服部家の一番下の若党になった。新入りとして最下位の地位に甘んじて生活を始めた。あえて一番下の地位を選んだのはこの新しい世界で階段を一つずつ上って行くことに意義を見いだしていたのかも知れない。新しい第一歩であった。しかし栢山村の人々には理由が分からない。自分の農地を買い取り家も新築したのになぜ、金次郎は他家の奉公人になんかなろうとするのだろう。おかしな人だ。村人の価値観ではまるで分からない人物だった。自分たちの手に負えない人を村人は良くは言わない。「キ印金次郎」などと陰口を叩かれることになった。当の金次郎はそんな悪口も気にかけない。

二月二日、金次郎は小田原の町で一冊の本を買った。『経典余師』だ。二朱（約三千円）だった。その本が服部家の息子たちの使っている教科書だと知ったからだ。金次郎は息子たちの教育係となって学問所までの送り迎えをするようになっていた。

その頃、小田原には藩校はまだなく、儒者の自宅が教育の場所になっていた。金次郎は儒者の家の縁側の障子の外に控えて講義を聞くことが出来た。その時間は金次郎にとって至福の時であった。すでに教科の内容は『経典余師』で繰り返し学んでいた。暗記するほど学んでいた。それをどのように講義するのか、金次郎は知りたかった。

先生の名は宇野慎助と言った。その講義は素晴らしいものだった。先生はある時、金次郎が廊下で講義に耳を傾けていることに気がついた。金次郎がどれほど優秀な生徒であるかを先生は知っていた。教室の中の生徒も決して怠けていたわけではないが、熱心さが足りない。物足りない。もっと食い付いて来て欲しい。そんな時先生は障子の外の生徒に気づいたのだ。

ついに先生は部屋の外に出て、「廊下のご仁」と呼び掛け、金次郎に向かって講義したという。先生は義務感からやって来る金持ちの息子たちより、彼らに付き添って来る学問好きな青年の方に興味があったに違いない。その青年にこそ自分の学問を伝えたいと先生は考えたのだった。

金次郎は布に水が染み込むように先生の話を吸収した。服部家にもどると、金次郎が教師となってもう一度同じ講義を繰り返した。子息たちの学力は完全なものとなった。

その頃だろうか、服部家若旦那は金次郎に恋の悩みを訴えて、処理の方法について相談をしたと見える。おそらく儒者宇野家に通う道中でのことだったろう。詳細は分からないが、金次郎は若旦那の話し相手としてかなり内面的な話に立ち入ったようだ。その恋の不首尾を慰める文章の下案が家計簿の端に残されていた。

「去ぬる恋を未忘難きに付き、昼夜思尽くしてもふ先の夫を大節に、家繁昌に暮らさせ度其の心をさって外に新しき天道の安泰、大節、繁昌に暮らしたよしをさとり、互いに身治め道には外の心なき不如」

金次郎は若旦那にそう忠告をした。若旦那の恋の問題点は精神面だけではなかった。金次郎は若旦那に二回で四両を貸し付けている。これは恋の決算の費用だった。元々、若旦那の恋の相手は金のかかる女性であったようだ。金次郎は服部家の財政窮乏を知っていたから、この恋に終止符を打たせようとしたのだった。「家繁昌こそ大切なことで、恋に心を奪われている時ではないだろう」と金次郎は忠告している。若旦那は金次郎を尊敬していたから、この忠告を素直に聞き入れた様子だ。金次郎は得意であったに違いない。

若旦那の恋は片付いたが、服部家の財政破綻は切実であった。禄高千二百石の服部家でも、その頃になると実際に藩から受け取る禄米は四百俵に過ぎなかった。それなのに服部家では依然として千二百石の生活をしていた。借財はたまる一方だった。本格的な建て直しが必要だった。金次郎にはこの家の建て直しの手立ても分かっていた。しかし、若党の立場ではそれを実行することは不可能だった。

金次郎は若党としての身分相応の範囲内で服部家の財政改革を実行したが、それにはおのずから限界があった。そうした不満はあったがそれらを除けば、金次郎の若党暮らしはおおむね良好だった。

問題は金次郎自身の内面にあった。文化十年五月二十日の記述に「薬代、一両（約五万円）曽我別所　太兵衛」を残している。文化十一年九月末にも一両の薬代が支払われている。病知らずの金次郎が何を患ったのだろうか。

病が原因だったわけではなかっただろうが、それから暫らくして金次郎は服部家の若党暮らしを止めて、栢山村に引き上げた。結婚をして安定した家庭を持つ時期ではないかと考え始めていた。いずれにしても服部家の若党暮らしにはけりをつける時が来ていると思われた。

金次郎も三十一歳になっていた。他人の恋の世話を焼いている場合ではない。それまで金次郎に嫁の世話をする者がなかったのは不思議だが、金次郎は独身のまま不自由とも感じていなかった。

服部家の若党仲間中島倉蔵が妹キノ（十九歳）を斡旋したのはそんな時だった。中島の家は堀之内村にあった。栢山村とは隣村になる。金次郎は小田原城下の服部家と自宅を往復する度に、この村落を通過していた。キノの顔も見知っていたと思える。キノは心やさしい娘で、身寄りのないおさわばあさんの面倒も良く見たという噂を聞いた。金次郎はおさわばあさんとは知り合いだった。「キノちゃんは良い子だよ」というおさわばあさんの一言は決定的だった。

兄の倉蔵は金銭感覚に少々欠けていて、金次郎に何回も借金を申し込んだ。文化十年に金次郎は「倉蔵仕法」というものを計画して倉蔵は自身の財政建て直しを成し遂げた。倉蔵の人間性についても金次郎は知り尽くしていた。その倉蔵の妹が嫁になってくれることは理に適っていた。

中島弥之右衛門の娘キノとの縁談が成立したのはそれからまもなくだった。

文化十四年二月二十八日、金次郎とキノの祝言はとり行なわれた。几帳面な金次郎はこの結婚についても別立ての出納帳を作った筈だが、結婚が失敗に終わったせいか結婚に関する帳簿は失われてしまった。

わずかに家計簿に結婚費用らしき出費の跡がある。金次郎にとっては何といっても最初の結婚である。十分なことをしたいと考えたに違いない。

二月二十五日
金　二両　　堀之内へ
金　一両　　結納
一　六十四文　　すき身一丁
一　二百文　　酒樽一つ
二月二十六日
一　銀十二匁五分　　羽織うら

一　金一分ト四百文　はかま一下がり
一　金一両ト百文　諸物かい物
内二分ト百文　黒椀　十人前
二月二十七日
一　四百二十八文　青物代
内百文　玉子十三
同四十八文　九年母
内十弐文　大根五本
内十八文　人参五本
内五十六文　わかめ
同百三十文　鳥頭め
同二十四文　牛蒡
二月二十九日
一　一百文　酌祝紙とも

一　一百文　　　　　　御寺
一　せんす十三本　　　堀之内へ
一　六百文　　　　　　同村へ

祝言には十三人の客があったらしいこと。嫁の里の堀之内にはせんすを手土産にしたこと。結婚に当たっては寺への献金が必要であったことなどが金次郎の家計簿は語っている。又、玉子やわかめを購入するのは分かるが　大根や人参、牛蒡などの野菜まで金を出して買う必要があったことも分かる。

今ではどこの農村でも自作しているありふれた野菜が、この頃はまだ贅沢品で来客用のご馳走であったのだ。

客を招いて、嫁を披露するのも気持ちの高まるものだった。近隣の者たちは「これで、金次郎さんも腰が落ち着くことだろう。家も新しくなったし、嫁さんも来たのだから」と話しあった。金次郎は周囲の人たちの納得の行くような祝言を上げたのだった。

栢山村での金次郎、キノの日々が始まった。この年、金次郎はすでに足柄一の土地持ちになっていた。小作人は使っていたが、それでも二人の仕事は果てしなくあった。二人は黙々と春の畑仕事に精を出していた。どこから見ても若い健康な農村の若夫婦だった。

足柄平野の向かい側には富士山がそびえていた。まだ残雪を頂に乗せたまま、富士は働き者の夫婦を見下ろしていた。二人は完全に風景の中に溶け込んでいた。

「ようやく金次郎さんも百姓らしくなった」と、村の人々はささやきあった。このまま金次郎夫婦の平和な日々は続きそうに見えていた。

金次郎の家計簿にはこれまでとは違った細やかな品物や生活臭のある買い物などが並ぶようになった。

六月二十三日

一　十七文　　くし一枚
一　十二文　　ひょうたん
一　百四十八文　　どんぶり鉢
一　百四十文　　大皿一枚
一　百文　　ござ一枚

金次郎たちはこの日、小田原の城下にでも出掛けたのだろうか。妻のためにくし一枚を買っている。今のお金にすれば、およそ八百五十円ほどのものだ。それでも夫に買って貰うくしはうれしかったに違いない。

十二月九日

一　三十二文　　髪付け一本
一　三十二文　　べに
一　二百四十八文　嶋染め代
一　十四文　　そふし
一　二百四十文　　おさ代

金次郎自身の髪結代やびん付けなどもひんぱんに現われるようになった。キノが嫁いで来てからの変化は他にも「ちゃ　三十二文　砂糖　十六文　しいたけ　五文　す一合　十八文　切りこんぶ　二十四文　あげ　十五文」などの買い物がちょくちょくされるようになった。これまで金次郎はお茶を買う習慣がなかった。金次郎の家庭生活は女性の伴侶を得て確実に豊かになった。

幼い頃には両親や祖父の情愛を受けて育った金次郎だったが早くに家庭は失われてしまった。長かった独身生活の末の結婚だった。細やかな女の目の届く生活は潤いに満ちていた。

この頃の家計簿には

八月十六日

一　十八文　　縫い針

八月二十七日

一　二十四文　　きぬ糸代

九月十二日

一　十六文　　木綿糸

などの文字もある。キノは働き者だった。家庭内の繕い物などに精を出したのだろう。金次郎が自分の誤算に気付いたのは、それから暫らく経った時のことだった。金次郎はのちに「女といえども学ばなければならない。繕い物をする暇があったら、本を読め！」と家族に繰り返し語っている。キノの精一杯の努力も裏目に出てしまったということか。

金次郎とキノのわずかな行き違いが実は根の深いものであることは、やがて明らかになって来る。

妻キノとは住む世界が違っていたのだった。キノにしてみると金次郎は訳の分からない男だった。堀之内の実家にもどる度にキノは夫への不満を家族に伝えた。「夫金次郎は実に変わっている。夕食の支度に使った水を家のまわりの畑に撒くのはどこの家でも夫の仕事であるのに、金次郎は食後は本を読んでいる。仕方がないから自分が畑に水を撒く。そればかりではない。年柄年中暇さえあれば、本ばかり読んでいる。夫らしいことは何一つやってくれない。夫の仕事までこなさなくてはならない自分はつまらない」とキノは嘆いた。

そんなキノの話を聞いて家族は「何というおかしな男だろう」と呆れ返った。金次郎と親交があり、キノを嫁に推薦した兄倉蔵まで「そういえばあいつは変わっていた。百姓らしいところがない」などと批判がましい事を言い始めた。

早速、「ずつなし金次郎」という渾名がつけられた。ずつなしとはこの地方の方言で横着者の意味を差す。働き者で名だたる金次郎が妻や妻の一族からは横着者に見えてしまうのだった。金次郎の真価を理解出来ないキノの実家の人々は金次郎を変わり者として片付けるしか方法がなかったのだ。

「とにかく変わった人ですよ。あの人は。私にもこう言うんですよ。『針仕事なんかしないで、本を読め！』ですって。変わってるでしょう」

当時の農村では女に学問は不要とされ、暇さえあれば針を持つ妻が良い女だと信じて疑わない世界でキノは育っていた。金次郎の考え方にはとてもついて行けなかった。

新婚の夫婦に不協和音がかもしだされる頃、服部家の使者が金次郎を訪ねて来た。服部家の財政建て直しの正式な依頼であった。使者としてやって来たのは服部家の執事山本英佐衛門で、主人十郎兵衛からの正式な依頼であった。文化十四年（一八一七）のことだ。

実は金次郎はこの依頼の来る日を密かに待っていたと思われる。金次郎は服部家仕法については勝算があった。手懸けてみたい仕事だった。しかし、依頼に対して二つ返事で引き受けることはしなかった。再三の依頼の挙句、金次郎は引き受けた。

金次郎が申し出を断り続けている時、キノはこれは自分に対する誠意に違いないと考えた。結婚した以上、服部家に住み込んでの仕事など引き受けるわけがないとキノは確信していた。大体、他家の財政がどうなろうと自分たちの新家庭には縁のないことではないか。自分たちは百姓なのだ。汗水たらして働くのが百姓の本分ではないか。キノは芯からそう思い込んでいた。

キノは当時の足柄平野の平均的な農民だった。そこで生き、そこで暮らしている農民たちは一つの常識の世界を生きていた。その常識という規範の中にこそ幸せがあるのだと皆信じて生きていた。

しかし金次郎は違っていた。金次郎の父は「並みの百姓で終わるな」の言葉通り常識などまるで気にかけない生き方をしていた。夫金次郎が結局服部家の申し出を承諾して、いそいそと出掛けて行く様子を目にしても、キノは信じられなかった。キノには金次郎のやり方が理解できなかった。

新婚の妻を一人残して、金次郎は服部家に出向いて行った。十二月のことだった。金次郎は服部家で仕法を始めるに当たって、当主十郎兵衛に向かっていくつかの約束事を申し出た。その時、服部家の借財は千数百両（五千万円）になっていた。借財は年毎に増えていた。このまま行けば早い時期に家は崩壊してしまうだろう。大久保家の筆頭家老の服部家といえども財政破綻となれば立ち行かない。

主人はとうに覚悟を決めていた。金次郎に全てを任すと言った。金次郎は五年という時間が必要であること。莫大な借財がなくなるまで全権を金次郎にあたえて欲しいこと。などの取り決めをした。

その上で金次郎は三カ条の心得を示した。
一　食事の贅沢を止めること。飯汁のみ
二　着物は絹を廃止して木綿を着ること
三　無用な遊び事は止める
朝昼晩の食事の切り詰めについては主人一家が率先して粗食を守ることが約束された。そんな当たり前の事が財政建て直しに役立つのだろうか。みんなは訝しく思いながらも金次郎の申し出に従うしかなかった。

「なんで俺たちがあんな若党の言うことを聞かなくてはならないのか」。不満は家来たちの間に小波のように広がった。「しかも百姓じゃないか」。。家来たちは身分の低い金次郎の言うことなど聞きたくはなかった。

それを聞かせたのは当主服部十郎兵衛だった。そして服部家の切実な窮乏であった。藁にもすがりたい服部十郎兵衛だった。ふくれ上がった借財のほとんどが、出入りの商人から借り入れられていた。徳川家を始めとして武家の経済は崩壊し始めていた。力を持ち始めたのは商家だった。

約束の五年後の文政五年（一八二二）、金次郎は服部家の全ての借金を返し終わった上に三百両（千五百万円）を残すことが出来た。一体、どんな魔法を使ったのだろうか。金次郎は一家再興の際に使った魔法をもう一度使っただけだった。それを後に金次郎は仕法と呼ぶようになる。自家の建て直しが金次郎の最初の仕法になった。その仕法の成功が金次郎の確固とした自信になっていた。

仕法とは何かと言えば「積小為大」だった。小を積んで大を為すということだった。日常の極く些細な事の中にその鍵は隠されていた。簡単なことだった。例の三カ条の心得を徹底的に守ることの他、無駄という無駄を一切省いたことが勝因だった。

例えば、来客用の菓子をやめて茶だけにする。鍋の底をきれいにして薪の倹約をする。使用人たちに対する金次郎の教育も成功を収めた。目前の倹約ばかりではなく、彼らが希望を持って働ける環境を作ろうとした。それには働いたら働いただけ自分の暮らしにも潤いが生まれるようなやり方でなければダメだと金次郎は考えた。

ついこの間まで自身が若党だった服部家の使用人たちすべてが喜んで働ける状況を作り出さなければダメだと考えたのだ。それが「五常講」だった。

現在の銀行の小規模なものが「五常講」だ。余裕のある者が率先して金次郎に金を預けて置く。共同財産である。急な病や思わぬ出費のある時には誰もが借りることが出来た。仁、義、礼、智、信の五つの道徳を踏まえていればこのやり方はうまく行くのだと金次郎は説明した。つまり互いの信頼である。使用人たちはそのやり方に納得した。服部家の使用人たちという限られた空間の中での成功だったが、金次郎は自分の頭の中で組み立てたことが実践出来てありがたかった。

借財を返した上に、三百両の余剰金を主人に差し出した時、主人が百両、夫人が百両をそれぞれ受けて残りの百両を金次郎に謝礼として差し出した。金次郎は一旦それを頂いたのちに使用人たちに分け与えることを考えた。自分がこの服部仕法に成功したのも使用人全員が協力してくれたればこそだった。

服部家を去る日、金次郎は来た時と同じ空手だった。「まったく変わり者だよ。謝礼までみんなに分けちまってよ」と人は言った。しかし、この時金次郎の得た物は百両ばかりの端金ではなかった。

　大事を成し遂げて栢山村に帰って行く金次郎は鼻歌の一つも飛び出すほど、満足だった。手ぶらで歩いて行く金次郎はこの時、とてつもない大きな宝物を自分のものにしていたのだった。

# 四

# 破局そして新しい幸せ

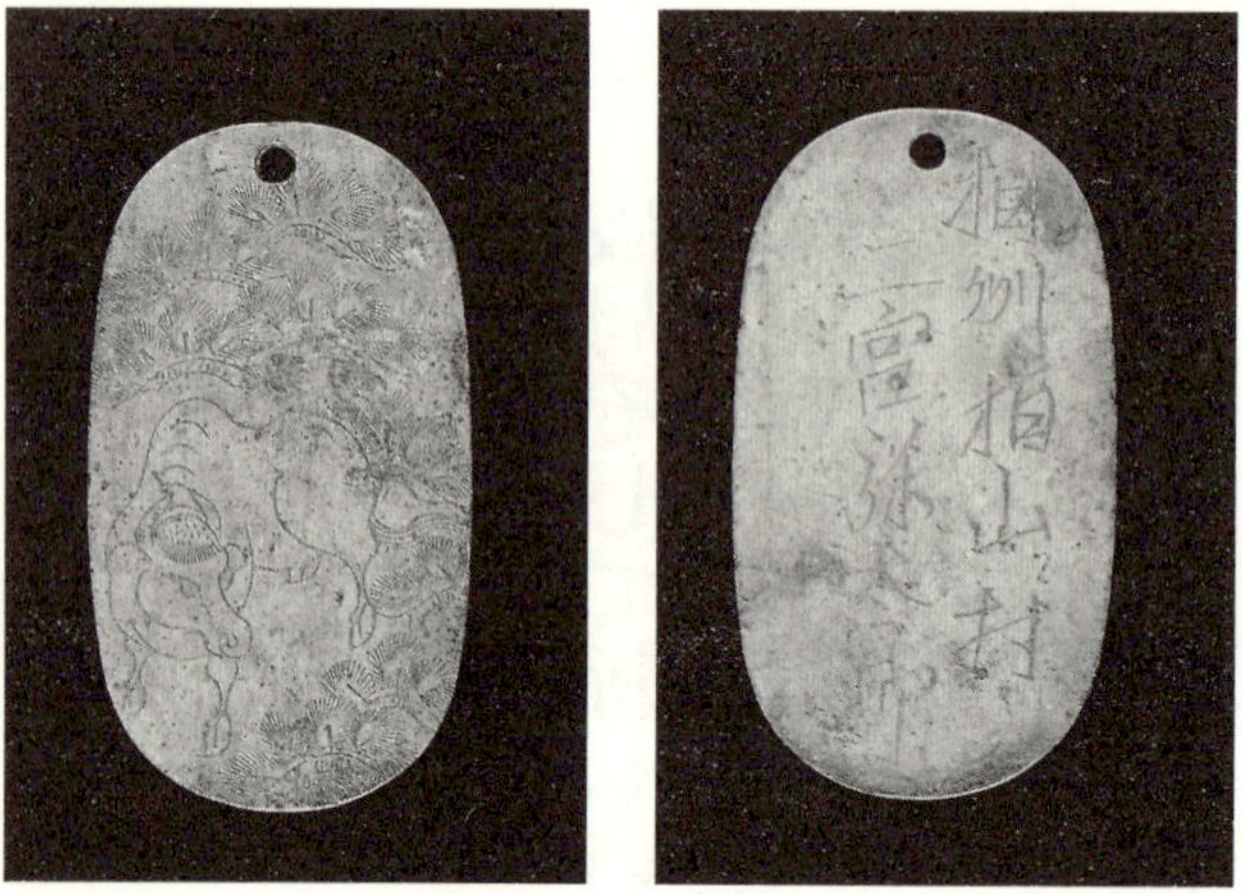

迷子札

文政４年（1821）９月に生まれた弥太郎が一人歩きを始める頃、父尊徳が真鍮の板に「相州栢山村二宮弥太郎」と刻み、裏には松と牛の絵を刻んだ

（二宮通尚氏所蔵）

「文政二（一八一九）巳卯年正月十八日早朝出産」と金次郎は記した。「徳太郎誕生祝儀帳」を作った。最初の子供の誕生を記念して「祝儀帳」を作る時、誇らしい気分で一杯だったに違いない。

一　米弐升　　万兵衛
一　米弐升　　浅右衛門
一　米弐升　　三郎左衛門
一　米一升　　権右衛門
一　米弐升　　堀之内　吉五郎
十一月之御祝儀
一　金壱分　　同人
一　松魚節壱本　常五郎
一　米弐升　　連正寺村　九右衛門
一　さかな　　同　　同人
一　ひとえもの壱つ　村　伊介

一　ぐん内嶋八尺切　同　七左衛門
一　よだれ掛け　俊介
一　赤飯壱重　堀之内　吉五郎

これは金次郎の子供が出来たことを祝って身寄りの者たちが物品を贈ってくれた証であった。それを一つ一つ書き記す金次郎の喜びまでもが伝わって来そうな記録であった。しかしその喜びは束の間のものであった。徳太郎は生まれて十五日目に死んでしまったのだった。祝儀帳は突然「御仏前」に変更された。

文政二卯年二月二日
保仙孩子御仏前

一　銭弐百文　万兵衛
一　米弐升　同人
一　銭百文　紋蔵
一　米弐升　同人

一　弐百文　　　　三郎左衛門
一　米弐升　　　　同人
一　米壱升　　　　佐平治
一　銭百文　　　　平右衛門
一　せんべい百文分　同人
一　とうふ壱丁　　元右衛門
一　あげ拾枚　　　市左衛門
　　　　　　　　堀之内
一　銭弐百文　　　吉五郎
一　餅米弐升　　　同人
二月二日
一　金弐朱　　　　御寺へ
同
一　銭三百文　　　薬師堂

徳太郎は不幸な子供だった。金次郎とキノの前途を予告するかのように、この子は生まれて十五日で死去してしまった。小さな遺骸に「保仙孩子」という名前が与えられた。父金次郎の記録は悲しみに満ちていた。「保仙孩子」という名を刻んだ墓石が現在も栢山の善栄寺の片隅に残されている。

金次郎は落胆を押さえて葬儀をとりおこなった。お寺への香典は金弐朱と安価であった。小さい子供の死は万事軽く扱われたことが分かる。徳太郎の小さな棺は両親に見送られることもなく寺に運ばれた。当時の考え方からすると親より先に死ぬ子は親不孝者と言われ、葬儀の列に親が加わることもなかった。

母親のキノの悲しみと落胆は大きかった。こんな時にこそ夫婦は支え合い、互いの絆を強くするものなのに、金次郎夫妻は違っていた。すでに不協和音が生じていた二人にとって徳太郎の死は決定的な打撃となった。キノの不満は金次郎が家を離れている間に妊娠中の身で野良仕事を続けたことにあった。その苦労がお腹の子を弱くしてしまったと思い込んでいた。「もうこれ以上、薄情な夫と暮らすことは出来ない」と頑なに考えていた。金次郎との生活に自信を失っていた。

しかしこの時代には女の側から離縁を申し立てることは出来なかった。子を失って、今夫までも無くそうとしている女に「去れ！」というのは金次郎には辛かった。「せめて綿の実が実るまで待って反物を作ってそれを持って帰ったらどうか」と申し出てみた。しかしキノはもう一日もとどまることは出来なかった。

「一日いれば一日損になる。今は一日も早くお前さんから離れたいのだ」とキノは言った。もはや金次郎に打つ手はなかった。形どおりの三行半をキノに与えるしかなかった。こうしてキノは去って行った。離別の日はいともあっさりと過ぎて行った。「こんなものなのか」金次郎は考え込んでいた。

そんな金次郎に対して世間の風当たりは冷たかった。「そら見たことか。あの金次郎はキ印金ちゃんなんだよ。金次郎に合う女子などいる訳がない」と近隣の者は言い合った。キノに同情する者ばかりだった。村人もキノと同様に極くふつうの農民だった。金次郎の言動は理解の外にあった。

「金次郎に合った女房などいるものか。あんな良く出来たキノちゃんが出て行ったらもうおしまいだよ」と人々はささやきあった。

「金次郎に今度来るのは後家か子連れがいいとこだよ」と誰もが言った。十九歳の若い嫁を失った金次郎に同情する者は皆無であった。

まさか、一年後にもっと若い十六歳の、しかも初婚の波子が金次郎に嫁いで来るとは誰も想像すら出来なかった。金次郎自身にも思いがけない成り行きだった。

飯泉村の岡田峯右衛門の娘波子は行儀見習いとして、十四歳で服部家の奥女中になっていた。二人はすでに顔見知りだったのだ。波子は金次郎が服部家仕法を続ける様子をじっとみつめていた。

ある時、波子の仲間の女中が金次郎に借金を申し込んだことがあった。返す当てもないのにその女中は金を借りようとしていた。金次郎はまず金を返す方法を教えた。「鍋の尻についた炭を落としなさい」と金次郎は言った。鍋をこすることが何故借金返済につながるのか、皆は首をかしげた。

「鍋の炭を落せば、薪を倹約することが出来る。今まで五本の薪を使っていたものが三本で足りる筈だ。二本の薪を私に持って来なさい。現金で買って上げよう。その金を貯めるのだよ」と女中たちに説明した。それからは皆が競って薪を倹約し始めた。「積小為大」

ということをみんなは教えられたのだった。

波子はそんな金次郎をじっと見ていた。「不思議な人だ」と思っていた。女中たちはこぞって金次郎を尊敬したが、波子の気持ちはもう少し踏み込んだものだった。自分ほど金次郎を理解出来る者はないのではないかという自負も波子にはあった。金次郎の片腕として手伝いが出来たらどんなにいいだろうと娘らしいあこがれの気持ちを抱いていた。金次郎には栢山村に妻がいることも知っていた。

その金次郎の結婚生活が破れた時、服部家の当主十郎兵衛は波子との縁談を金次郎に勧めた。「今度こそ自分を理解してくれる女性と結ばれたい」と願っていた金次郎にとって有難いことだった。

文政三年四月二日、波子との婚礼の宴が開かれた。服部家の肝煎りによる宴は前回に比べ一段と豪華なものとなっていた筈だ。こちらの記録は別冊で立派な控帳が残されている。

文政三年
婚礼御祝儀控帳

栢山村

庚辰四月二日　二宮金治郎

四月朔日

一　金弐朱　伊介

一　御肴壱篭　代蔵

一　御肴壱篭　猪之助

おかね

四月二日早朝

一　御袴壱　服部様

同

一　御はかま壱　同

同

一　御さかな二本　同

一　金弐朱　　　　　　曽我村　太兵衛
一　金弐朱　　　　　　箱根　川田屋
一　あじ壱篭　　　　　同人
一　小半紙一束　　　　俊介

という具合に祝いの品々は枚挙のいとまがない。興味深いのは魚の贈答品が多いことだ。「あじ、むつ、ひらめ、石鯛、ぶり、海老」などの魚名が並ぶ。これらは小田原の海で取れたものであるが、生の魚の保存方法もない時代にそれらを内陸部の栢山村に運んだという意味で、大変な貴重品であった。現在の私たちが考える以上の貴重品として金次郎は記録した。この時の何気ない婚礼の記録が実は後世、小田原漁業史を作成する際に役立つという後日談を生んだ。

江戸時代、小田原の海ではどんな魚が取れていたのかという記録が他になかったのだ。『小田原地方の漁業史』(本多康宏)は金次郎の婚礼祝儀控帳を参考文献としている。地元の人々が近海の魚を取って食べる時、それはあまりにも日常的なのでわざわざ記録する者はなかった。金次郎も最初は御魚とのみ記したが、あまり数が多くなったので魚名で区別することにしたようだ。この日、金次郎と波子を祝った友人知人は三十三人を数える。
この控帳には「結納代」という項目がある。祝儀に先立ち、三月二十七日に金次郎は飯泉村の岡田波子の実家へ結納品の数々を届けている。先妻キノの時も同じようにした筈だが、そちらは残されていない。

結納代

三月二十七日

一金弐両弐分　帯代
一　茶
一　酒弐升
一　扇子弐本
一　結弐状
一　しらか
一十六文　のし
一百八文　小雪駄

熊太郎様へ
一六十四文　　　　　　　　折手本
おかよ殿へ
一百七十弐文　　　　　　　足袋壱足
御老父様へ
一百五十六文　　　　　　　足袋壱足
御老母様へ
一弐百八拾文　　　　　　　大椎茸

その他、細々とした食料品を持参した模様だ。嫁波子に対して弐両弐分（十二万五千円）を用意した他、嫁の家族に対して土産を持って行った。雪駄や足袋など足元に関する装身具が家族への贈り物とされた。

小田原地方では昭和二十年代まで、婚家先への土産は履物と相場が決まっていた。昭和十三年に東京で小田原出身の男と出会って結婚した私の母は、その事を知らなかった。婚家先の人々にそれぞれの品をデパートで選んで持参したそうだ。しかしそれは履物類ではなかった。母は「下駄を持って来なかった嫁っこ」と指差されることになった。「下駄なんかよりよっぽど高いものを持って来たのよ」といつまでも嘆いた。

嫁が履物を土産にするというこの地方の習慣がいつから始まったのかと疑問だった。金次郎の記録は江戸の文政年間すでに履物の贈り物をしていることを伝えてくれた。

これらの結納品に対して、岡田家からは四月二日婚礼の当日、たんす、長持、はさみ箱などの波子の花嫁道具が届けられた。

一　銭三百文　　たんす持ち
一　銭三百文　　長持
一　銭弐百文　　はさみ箱
合わせて八百文（四万円）にもなる。波子の実家が裕福であったこともあるだろう。波子自身が服部家で女中奉公をして収入があったことにもよるだろう。

この控帳の最後に金次郎は記した。

天明七丁未年七月二十三日朝誕生にて、今文政三庚辰年四月二日婚礼迄歳三十四歳
二宮金治郎

文化二乙丑年三月十二日誕生にて、今文政三庚辰年四月二日迄歳十六歳
岡田お波

波子との新生活は実にうまく行った。生涯を通じて、二人は一つの価値観で結ばれて揺らぐことはなかった。以後、金次郎は自分と同じ人間がもう一人存在するかのような安心を得て、波子と同じ舟に揺られることになった。

金次郎は新しい石を投げることにした。自分の夢を実現するために、そしてもう一つの飛躍をするために石を投げるのだ。

小田原藩主大久保忠真が幕府の老中に抜擢された文政元年（一八一八）のことだ。領民を励ましたいとの意向で、藩主は努力家を表彰することを思いついた。「耕作出精、外見競べにも相成るべき者」との文面の表彰を金次郎が受けたのはその時のことだった。酒匂川の仮橋近くで三十二歳の金次郎は藩主直々に表彰を受けた。

一説によれば、名君忠真は金次郎の噂を聞いて首実検をしたのだともいう。家老服部家の経済建て直しなどを手懸ける人物に藩主が興味を持ち、近付く手段として表彰を思いつ

いたとも言われるがこの時、忠真は一目で金次郎の資質を見抜いたという。

忠真は藩内の役人たちの無能さに腹を立てていた。理念を持つ藩主にはどうも物足りない。そこで広く一般の領民に案を出すようにと図った。金次郎は日頃考えていることを藩主に具申した。

まず「斗升改正」を提案した。これまでは農民が年貢を納める際に小田原藩が米を計る容器が統一されていなくて、納入時のもめごとが多かった。金次郎の父も常々「あれは何とかならんかな」と升の不統一を嘆いていた。金次郎はこの不平等感を無くして誰が計っても間違いのない新升を自ら完成して藩に提出したのだった。提案は具体的でしかも実用的であったため藩主を始め領内の人々を動かした。

領内の人々の共通の嘆きであったのに、それまで誰も手をつけようとはしなかった。金次郎が改正升を作り出すと「なんだ、そんなに簡単な事だったのか」とあっけにとられた。コロンブスの卵だった。

農民にとって新升は実質五％の減税となった。現在の消費税が逆に入って来るのだ。「こんなありがたいご時世はない」と泣いて喜ぶ老人もいた。斗升改正に成功すると金次郎は服部家で実験済みの「五常講」を小田原藩全体の制度として提案した。文政三年（一八二〇）十一月六日付けで「低利助貸法、五常講及び八朱金」という提案がされている。この「五常講」は世界で最初の信用組合といわれるものだ。一八六四年にドイツで出来た「シュルツェ・ライファイゼン式信用組合」より四十四年も早く、ここに生まれていた。

こうした一連の金次郎の提案は農民の幸せを招くものであると同時に、武士階級をも救済するものでもあった。当然ながら、これらの提案に藩主忠真の心は動いた。何とか金次郎を起用したいと考えた。しかし、いきなり農民の金次郎を採用することは難しかった。しばらくの時間が必要だった。金次郎は藩主の事情を良く分かっていた。

金次郎は焦らなかった。じっくりと機が熟すのを待とうとした。「果報は寝て待て」とばかりに金次郎はのんきに旅などした。文政四年（一八二一）正月五日、波子と新生活を持った翌年に当たるが、金次郎は伊勢、高野山参りに出掛けて行った。十年前、二十四歳の折にも金次郎は伊勢参りをしている。京都、奈良などもめぐった。その時は最初のこともあり三十四人から花向けの贈り物を貰っている。二度目の花向けは十八人からのもので金次郎はこの時も日常の出納帳とは別立てで「花向控帳」を作っている。

「　文政四年巳正月五日出立
　伊勢参宮花向控帳
　　　　栢山村
　　　　　二宮金治郎　」

人数は少なくなったが、一人一人の額は俄然多くなっている。「二月二十四日帰宅仕候」と控帳は結ばれている。その日、金次郎が栢山村にもどって来ると吉報が待っていた。妻波子の懐妊であった。金次郎は喜びの余り、服部家から十人の客人を招いて盛大な帯祝いの宴を張ったのだった。

波子の出産も心待たれたが、藩主からの正式な要請も気にかかった。藩主は金次郎に野州桜町の再建をさせたいという構想を持っていた。野州といえば今の栃木県であるが、ここに小田原藩の領地があって宇津家の所有地になっていた。すでにそこは荒廃の地であって、藩主の悩みの種となっていた。この領地に派遣される役人は誰も彼もが途中で逃げ帰って来るのだ。服部家での財政建て直しを聞いた時から、藩主は金次郎こそ宇津家の再建を任すに足る人物だと考えていた。

藩主の思惑に気づいた金次郎は、ともかく桜町に行ってみた。八月二十九日、金次郎は栢山を立って江戸に行き、九月に桜町に着いている。金次郎は初めて桜町を見た。聞きしにまさる荒廃振りだった。田畑は荒れ放題、村人は多額の借金を抱え、青息吐息で暮らしていた。小田原藩からのわずかな補助金も役人たちがピンはねしてしまって、一向に桜町は立ち直れないのだった。

誰もが逃げ出すような土地だったが、金次郎は自信が湧いて来た。「自分になら出来る」金次郎はそんな思いを抱いて帰って来た。

しかしまだ正式な要請は来なかった。その頃、金次郎は三浦半島方面への旅をしている。江の島、鎌倉、三崎、浦賀、金沢八景などを七日間で廻っている。この頃江戸の町民の間に旅行ブームが起こっていた。江の島、鎌倉は江戸からの距離も適当であった。江の島の弁天や鎌倉の神仏参詣は幕府の意向にも適って許可された。江戸の大店の女房などが女中を連れて出掛けるには手頃な所だった。金次郎は何かを探るようにしてこの小さな旅をした。

そうこうするうち、波子の出産の時もやって来た。九月二十五日、金次郎は待望の長男弥太郎を得た。金次郎は薄幸だった徳太郎への思いまで合わせてこの子を愛しんでいた。

現在、小田原の尊徳記念館に残されている銅造真鍮製の迷子札（県重要文化財）には「相州栢山村二宮弥太郎」という文字が残る。裏面には松に牛の絵が彫り込まれている。一人歩きを始めた弥太郎のために父金次郎自身が造ったものか、あるいは誰かに造らせたものか。いずれにしても金次郎がどれほど弥太郎を思っていたかが伺える。ご本人の弥太郎も大きくなるまでこの迷子札を大切にしていたのだろう。だからこそ今日まで残されたのだ。江戸のこの頃、子供たちは皆こんな迷子札をつけていたのだろうか。

私はマカオで見た水上生活者の子供の木製の迷子札を思い出していた。それは子供たちの背中にくくられていた。水に溺れたとき木の迷子札が水面に浮かぶのだそうだ。子供たちの認識票として迷子札というものが江戸時代にはあったのだ。第二次大戦時には兵士たちに番号だけの小さな認識票が渡され、生死の確認などに活用された。

弥太郎の迷子札は文字どおり迷子になった際の便宜的な意味と父の子への思いとの二つの目的を持っていたと考えられる。小さな銅の切れ端が沢山のことを伝えてくれるような気がする。

波子との暮らしは思ったとおり万事、順調に運んだ。何よりも波子が金次郎の思考を良く理解してくれることが有難かった。というよりは波子と金次郎は似た者夫婦で苦労せずに互いを受け入れることが出来た。

この頃、金次郎は自身の家庭観をこう語っている。

「家屋の事を俗に家船又は家台船という。面白き俗言なり。家をば実に船と心得べし、是を船とする時は主人が船頭なり、一家の者は皆乗り合いなり、世の中は大海なり」と金次郎はいう。

だからこの船に乗り合った者は心を一つにして、舵の取り方と船底に穴が開かぬようにすること、その二つを気をつけよと人に説いている。金次郎丸は順風を受けて、弥太郎という可愛い乗り合いも乗せて出発するところだった。

ちょうどその時だった。待ちに待った日がやって来た。文政五年秋も深まる頃だった。小田原藩藩主大久保忠真からの正式な呼び出しであった。役目は「小田原藩の分家野州桜町領（これは旗本宇津汎之助の領地）の復興」であった。待遇は名主役格、高五石二人扶持である。金次郎が士分として取り立てられ、その第一歩を踏み出す瞬間であった。金次郎丸の船出だった。

# 五

# 野州桜町へ

**桜町陣屋**

旗本宇津家の知行所の３カ村統治のために元禄年間に建てられた。尊徳は25年間この役所兼社宅を基盤に活躍した。現在建物の一部が残されている

（報徳博物館提供）

明けて文政六年（一八二三）となった。三月に桜町への赴任が正式に決まった。それに先立ち、金次郎にはどうしてもやらなければならないことがあった。妻波子の同意が必要だった。

「一家を廃して万家を興す」と金次郎はいとも簡単に言ったが、それは生易しいことではなかった。自らが築いた栢山村の生活をすべて捨てて行くのだ。金次郎にとってはどんなに辛くとも自身で選択した事であったが、妻には堪え難いことだろう。

金次郎は意を決してこう言ったそうだ。「このような事は婦女子の諒解し難い事であろう。故に余と共に千辛万苦を忍びて君命を辱めざらんと思はば、相携へて野州に赴くこととする。若し世間並みに一身一家の事のみを思はば今、速に離別しよう」

それを聞いて妻は憮然としたという。「異なる御詞を聞くことである。女子一度嫁する時は二度帰る家はないものを。良人が水火に入らば妾も亦共にはいらんのみ。栄利に趨り一身一家の安逸を願ふ意は毛頭なく共に野州に赴きたい」これが波子の答えだった。いかにも優等生的な返事だが、金次郎には有難かった。「貴方が好きだからどこまでも御供します」と波子は言い切ったのだ。

前妻キノの苦い経験があるだけに金次郎は波子の反応が気にかかった。女性を扱うのは難しいと思っていたが、波子は並みはずれた女性であった。

後に、波子賢夫人説というものが定着して行くが、その根幹はこの時の言動にその理由はあった。昭和五十四年に飯泉村の岡田家に建立された「二宮尊徳夫人生誕地」には「一家ヲ廃シテ任ニ赴クヤ夫人毅然トシテコレニ随ウ」という碑文が残る。これは尊徳研究家の第一人者佐々井典比古の手で書かれたものである。

こうして、桜町への旅立ちの準備が始まった。まず金次郎は自らの所有農地、自宅、家財道具を売りに出した。これまで営々と築いた全てを売りに出したのだ。流し台から割り竹の垣根、かまどの下の灰まで売ったという記録がある。金次郎夫妻の強い決意が良く分かる。

文政六年三月十二日付けの「家財諸道具売払帳」が残されている。

家財拂方扣

一　銭四十八文　　おちよ

是はぶつたい（仏像）壱ツ

一　百七拾弐文　　常五郎

是はとうし三ツ

一　百八文　　弁左衛門

是は杉丸木六本

一　銭百文　　代蔵

是はすだれ三枚

一　弐百拾六文　　仙蔵

是はからうす

一　弐百七拾弐文　　仙七

肥おけ六ツ

一　百八文　　甚蔵

きね弐本

一　七百文　　仙七

たらい　馬たらい弐ツ　せいろう

一　六拾四文　　　　　伝蔵
　　徳利壱ツ火鉢小桶
一　弐百文　　　　　　吉兵衛
　　筵おり

と記録は果てしなく続く。この後は家財の種類だけを並べてみたい。
四斗樽、張板、長とい、三尺戸、ながし、ほうき、下桶、はしご、まないた、割り木、割竹、長持ち、古垣根割竹、膳六人前、はさみ箱、戸棚、かなつち、桶、手桶、み、ざる唐あおり、かご、重たんす但し桐、竹棚　なげし、石くど（へっつい）、みの、あんどん、畳拾六枚半、石うすなどの品々の名前が並んでいる。当時の農村の家庭内にあったものが見えて来る。

一つ一つの値段は安いが全部の代金を足すと六両（三十万円）になった。単価は安いものだし、どこの家庭でも必要なものだから売り易かったようだ。売り切れない物は「御金銭貸付書出帳」として実弟の三郎左衛門に管理を依頼した。貸付金二十六両余り（百三十万円）を残した。

何分にも急なことで叩き売りの安売りといった状態だった。土地も物も何もかもが安価に放出された。それらに群がる村人たちは呆れ果てていた。「やっぱりキ印の金ちゃんのやることだ」「訳の分からぬことをするものだ」

金次郎が幼い日に親と死に別れ苦労の末に土地や家屋を買い戻して行った経由を身近に見ていた村の人々には、どうしても信じられない競売だった。「気でも狂ったんじゃねえか」とつぶやくしかなかった。

村人は土地に生まれ、土地で育ち、土地で生き抜く、そして土地で死ぬ。それが農民の幸せだった。働いて、働きぬいて少しでも財産を増やして子孫に受け渡す。それが農民のつとめであった。

それなのに、金次郎はいきなり全てを叩き売るというのだ。「いいんだね。本当にいいんだね」と村人たちは金次郎の顔色を見ながら買い得の品を持ち去った。

金次郎の心積もりはこの土地で得た何もかもを無にして新しい土地に出発したいと考えたのだった。「戻ってくる所はないのだ」と自分に言い聞かせていたのだった。そして、金次郎は仕法のための現金を栢山村の家財を売って作ろうとしていた。

この時、金次郎が売ってはならないものとして残したものは妻波子の花嫁衣裳一式であった。その後波子の実家岡田家が財政破綻した際、この花嫁衣裳を売った金を基金として建て直しの道を開いた。金次郎はそれを「衣類推譲」と呼んだ。

そうした先行きを予測しての行動ではなかったが、金次郎は波子の花嫁衣裳を競売に出すことはさせなかった。それ以外は全てを売りに出した。

この時売られた家屋は解体移築されて、他人名義となって久しかったが、現在は修復されて金次郎の生地に移され、記念館として観覧が出来る。平成の世から見るとこの家は日本人の心のふるさとのような懐かしさを感じさせる。

金次郎の生家を訪ねた者は「随分立派だ。もっと貧乏かと思った」と口々に言う。それはそうだ。この家は金次郎が二十四歳の時、かなり資産を貯えてから建てたものなのだ。それと農家の持つ広々とした空間、板の間や土間は今見ると一種の豊かさを感じさせてくれるものだ。

ちなみにこの金次郎の生地と指定される土地は、金次郎が十八歳の折に伯父万兵衛からの申し出によって万兵衛の畑地と交換したものである。親のない子供相手と考えてか金次郎側にひどく不利な交換条件だった。金次郎は並みの十八歳ではなかったから伯父の魂胆はすぐに見抜いたし、自分の方に損なことは分かったが、伯父の出す条件を飲んだ。

「居家敷反別取調の事」というメモには「一家同姓の中で愛憐をけがしたくない」と記している。恐ろしい子だ。皆分かっているけどこんなことでもめても仕方ないと言っているのだ。万兵衛伯父が金次郎を煙たがっていた訳が分かるというものだ。

時代が下って、明治四十二年（一九〇九）真珠王となった御木本幸吉（一八五四―一九五四）が万兵衛家から金次郎の生地を買い取って中央報徳会に寄付し、のちに小田原市に移管されている。生家は昭和三十五年捜し出されて移築復元され、今日に至っている。

真珠の養殖で成功した御木本幸吉は二十歳の時（明治十一年頃）日光今市に旅してそこに伝わる金次郎の話を聞き、いたく感じ入り熱烈な信奉者になってしまったという。自らを「伊勢の二宮金次郎」といい「海の二宮尊徳たらん」と伊勢の真珠島に書き記したとのことだ。

さて文政六年三月十三日、潔く家屋敷を処分し終わると一家はいよいよ桜町に向けて出立することになった。金次郎一家を見送ろうとする村人が押しかけて来た。栢山村七十九人他村八人合わせて八十七人だった。ある者は好奇心から、ある者は別れを惜しんで、又ある者は唯漠然と、やって来た。他村民というのはおそらく波子の実家のある飯泉村の者だろう。

わずか五十戸の栢山村から七十九人もの見送りがあった事は金次郎の出立がこの村にとっても大事件であったことを物語っている。

記録にはないが、金次郎はおそらく見送り人に対して、短い挨拶を述べたことだろう。例えばこんな風に。

「自分たちは只今より野州桜町に赴任いたします。これは小田原藩主からの命でありますす故、精一杯の尽力を致したいと存じます」というような挨拶をして生まれ故郷を後にしたに違いない。

歌手の三波春夫は昭和五十一年の「尊徳没後一二〇年祭」に『あゝ二宮金次郎』という歌を作って自ら歌った。その四番にこんな歌詞がある。

梅の花咲く　小田原あとに

桜町へと旅立ちなさる
後姿に夕日が赤い
燃ゆる心にしあわせが
日本の国が待っている
あゝ二宮金次郎

旧暦三月十三日、梅はまだ咲いていただろうか。みなぎる闘志を秘めて旅立とうとする金次郎の心意気が良く表された歌であると思う。

次の記録は金次郎自身の手で記されたものだ。これを見ると一家の十五日間の旅の様子が見えて来る。

従相州小田原　引越越路用馬銀拂方帳
野州桜町迄

金次郎一家には馬二疋、駕篭一挺の用意がなされた。残る家財や生活品を馬の背につけた。駕籠には波子と幼い弥太郎を乗せた。

十三日

国府津村茶屋にてまず一休み。

ここで茶代四拾八文（二千四百円）を支払い、血の薬と一角丸合わせて百文（五千円）を求めている。

押切村　ここは以前から金次郎と縁のある所で知人も多かった。見送りの者に酒肴を振る舞っている。銭にして壱貫三百文（六万五千円）を支払っている。大金である。

大磯宿　押切村と大磯では目と鼻の先であるのに、ここで又酒盛りをしている。五百拾弐文（二万五千六百円）を酒代として宿に支払った。しかもここまで送って来た常五郎に弐朱（六千円）を渡して帰らせた。又甚左衛門にも同額の弐朱を手渡し曽我村別所の太兵衛母に渡して欲しいと依頼した。

何という金のばらまき方だろう。金次郎の頭がおかしくなったとでもいうのだろうか。栢山村を出てまだ半日ばかり過ぎたところで大金を湯水のように使った。金次郎は惜しみなく金をばらまいた。そして見送り人を皆帰していよいよ夫婦だけになった。
藤沢宿　十三日夜はここで泊まった。宿賃は三人分で六百文（三万円）を支払った。
栢山村を出て、その夜藤沢宿に泊まるのでは余りにも近すぎる。金次郎は何を考えていたのだろう。その答えはすぐにみつかった。彼らの翌日の行動がそれだった。
十四日
江の島昼弁当代弐人前　銭弐百四拾文（一万二千円）
鎌倉之内茶代案内　銭百三拾弐文（六千六百円）
何と金次郎夫婦は江の島鎌倉旅行をしているのだ。そのための藤沢泊まりだった。引っ越し旅行の途中ではあったたし、弥太郎という子供連れではあったが金次郎は何よりも妻波子に旅の楽しさを教えたかったに違いない。そして桜町への旅立ちへの波子の勇気にも報いたかったのだろう。
金次郎自身が一年前旅した江の島、鎌倉を波子に見せたいと考えたのかも知れない。この観光地江の島では弁当も高価だった。一人分が六千円もするのだ。波子はびっくりして「やめましょうよ。こんなに高いもの勿体ないわよ」と躊躇したかも知れない。桶や流し台まで細かく値段をつけて村人に売りまくった同じ男とは思えない豪胆さで金次郎は金を使った。「人間は贅沢をする時は思い切るものだ」と、この旅を通して金次郎は言い続けた。

日本で一番最初に新婚旅行をしたのは坂本龍馬（一八三五―一八六七）夫婦であるというのが定説であるが、龍馬が生まれる十年前に当たるこの年に、金次郎夫妻は夫婦旅行を実行している。それは「新婚旅行」という確たる意識はなかったが、夫婦の旅というものはまだ、日本では希有なことだった。

文政のこの時代、旅は男たちだけの楽しみ事と裕福な町家の女房のものだった。男たちは神社仏閣参拝を名目に、夜は遊女買いの楽しみを目的とする旅を繰り返したが、妻を旅に連れ出すことはなかった。

成田不動尊の門前には遊女宿が軒を列ねていた。成田参拝は夫婦同伴はご法度、不動尊は嫉妬深く女連れを喜ばないと、まことしやかな口実をもうけていた。

明治という新しい時代になり、西欧の思想が入って来てハネムーンが流行りだした頃、年老いた波子は「私もそういうのをしたことがある」と語ったと実家の岡田家では後年まで伝えられていた。

十四日　保土ケ谷宿
七百弐文（三万五千百円）
十五日　江戸着　麻布御屋敷到着
十一日間ここに滞在する。
波子には初めての江戸だった。
十九日　町に出たのだろうか。波子は羽織ひも　七十弐文（三千五百円）や半えり弐朱八文（六千三百円）ぞうり三拾弐文（千七百円）などの買い物をした。
金次郎は麻布御屋敷で、桜町の復興に関する計画を練りなおしていた。

二十六日いよいよ桜町を目差して一家は出発した。この日は千住宿に泊。

二十七日杉田、間々田うへ原泊。小山、結城を通って桜町に着いた。

これで十五日間にわたる引っ越しの旅は終わった。波子にとっては思う存分、心楽しむ旅であった。その先にどんな苦労が待っていようとも恐ろしいということはない。十分な覚悟は出来ていた。

それにしても桜町はひどい所だった。日光に近い下野国芳賀郡に属する物井村、横田村、東沼村の三カ村を合わせて桜町と呼ばれていた。面積は五百二町で検地によれば四千石の米がとれるという査定だった。しかし実際は三千石もとれれば良い方だった。金次郎の綿密な調査によれば、実収は一千石が良いところだと考えられた。

四千石という架空の石高で宇津家が生活するのではたまらない。無理はひずみとなって農民の気持ちを荒廃させていた。金次郎はこの荒野となった土地を回復させるのも、人のこころであると考えた。

この地に初めて足を踏み入れた時、金次郎は「心田開発」ということを考えた。土地に愛想をつかして離村して行った農民も少なくなかった。残っている者たちも希望を失っていた。こうした荒廃の地にはかならずやくざ者やならず者が侵入していて、刹那的な賭け事や遊びがわがもの顔に蔓延する。それは何もこの桜町に限ったことではなかった。長い徳川政権の矛盾はそこここに疲弊の地を作っていたのだった。

金次郎は桜町調査結果を小田原藩主に提出した際、十年という時間を求めた。十年で二千石までの復興を約束したのだった。服部家は五年で復興出来たが、今はその倍も三倍もの難事業に立ち向かっていた。

それともう一つ、藩主に願い出たことがあった。それはこれまで小田原藩から出ていた補助金を打ち切ることだった。「これは補助金などに頼っては出来ないことなのです。金に頼ることは逆効果なのです」と申し出た。補助金は結局役人の懐に入ってしまって、何の役にも立っていなかった。が、金次郎が補助金中止を申し出た事が恨みを買い、反対派の憎しみの的となってしまった。

しかし、金次郎には確かな勝算があった。人の心が荒れるのも田が荒れるのも同じこと。荒れるには荒れるための力がある。それを逆に向ければよいだけのことだと金次郎は言った。「徳ともうしますものは、可能性を秘めるということでございます。徳は荒地にも隠されています」と金次郎は藩主にそう進言した。「徳ねぇ。徳はどうやって掘り出すのかね」と藩主は訊ねた。「徳は徳によって、見いだすしかありません」と金次郎は答えたと伝えられる。

それにしても、桜町の荒廃はケタはずれのものであった。折しも春の強風で民家の屋根は飛び、意欲を失った人々はそれさえ直そうとしなかったため、見るも無残な風景だった。波子は思わず笑いだしてしまった。「こんなにひどいとは思いませんでした」とあきれ果てていた。

三月二十八日、金次郎一家が桜町に入ったとたん、親切そうな男たちが走って来て、歓迎のそぶりを見せた。波子は「少しは自分たちを喜んで迎える人もいるのだ」と少々胸をなで下ろしたが、金次郎の反応は違った。「油断のならない者たちだ。何か後ろめたいことでもあるのだろう」とつぶやいた。

その男たちこそ金次郎の反対派の急先鋒だった。裏に廻って金次郎の仕法の足を引っ張って失脚させようとたくらんでいたのだった。

金次郎一家は桜町陣屋に落ち着いた。間口十三間、奥行き四間、建て坪五十五坪の陣屋は役所であり、官舎でもあった。三棟の建物が連なり、その一つに二宮一家が居住した。現在も残る陣屋の一部は国指定史蹟となっている。この陣屋も春の嵐のせいで屋根や板塀がはがれて惨憺たる有様だった。

波子の最初の仕事はまず荒れた家の整頓から始めねばならなかった。自分たち家族がこの夜、寝る場所をまず作らなければならなかった。取りあえず弥太郎だけでも寝かせてやらなければと波子は立ち働き始めた。二歳の弥太郎は長旅の疲れも見せず、すぐに眠りについた。

波子には手をつけなければならない事が山のようにあった。これまでの大名旅行の夢はいっぺんに吹き飛んでいた。この着任の日、金次郎は
「ふじは申さず　まづ紫の筑波山」という句を作っていた。

富士山は子供の時から眺め暮らした馴染みの山である。そのふじの麓の城下町小田原の復興に手をつけたいのは山々だが、今はこの筑波山を眺めながら、この桜町の建て直しから手をつけなくてはならない。

筑波山は紫に煙り、美しかった。一家のここでの暮らしはようやくその途についたところだった

# 六

# 尊徳雲がくれ

茶碗
尊徳の門弟・柴田権左衛門は尊徳が使用していたのと同じ茶碗を宇都宮で買い求め、帰郷する前ひそかにすりかえて持ち帰ったという
（二宮報徳神社）

一夜が明けた。金次郎は夜明けを待ち兼ねるように起き出すと外に飛び出して行った。今は自分に与えられた桜町を巡ることが金次郎にとって何よりの喜びであった。眠ってなどはいられなかった。

「鶏鳴の廻村」とのちに呼ばれたが、太陽が昇る前に村内を歩き回って、金次郎は復興の糸口をつかもうとしていた。一番鶏や二番鶏の鳴く前に村を廻っていた。物井、東沼、横田三村を合わせても百四、五十軒だった。一軒一軒を丁寧にたずね歩く金次郎の姿に朝飯の支度を始めた村人は飛び上がって驚いた。

「田を興すことは、人の心を興すことだ。人にやる気を興させることだ」と金次郎は考えていた。

かつて日本国中、どこもかしこも荒野だらけだったじゃないか。それを開墾し耕しタネを蒔いて豊かな田畑に変えたのだ。それを成し遂げたのは人々のやる気に他ならない。桜町の荒廃もすぐにもどすことが出来るのだと金次郎は確信していた。

「勤勉と倹約。これしかない」と金次郎は説いて歩いた。それを村人に教えたかった。しかし野州は江戸に近いことからやくざ者などが出入りして、地道な努力が阿呆らしいと自堕落になって行く者も多かった。栢山村の人々とは訳がちがった。

反発を買わないように分かって貰うにはどうすればいいのだろうと金次郎は思案しながら毎朝歩いた。

一軒一軒、台所を覗いては鍋の中身まで金次郎は確かめた。「米が多すぎる。もう少し麦を多くした方がいい。体にもその方がいい」などと忠告して歩いた。鍋の底が汚れていれば燃料のムダになることなども教えた。「何とまあ、細かい事をいう人だろう。そんな事で村の建て直しが出来るものだろうか」と早くも批判的な事をいう者もあったが、ほとんどの者は金次郎の言うことを聞いてみようと思い始めていた。桜町の暮らしはそれほど行き詰まっていた。

金次郎は一方で努力する者に対して表彰をし褒美を与えることで希望を与えることにした。金次郎自身が小田原藩主から表彰された時の喜びは何物にも替えられないものであった。子供時代からの苦労が吹きとぶような気がしたからだった。

金次郎のやり方が特異だったのは、表彰者を入札制にしたことだった。つまり投票によって精一杯頑張っている人を選び出すというのだ。その斬新な方法で選ばれた者の名が残されている。

一、三ケ村小百姓之内出精之者共を小前一統入札致させ候処高札之者左之通

横田村之内

一、入札五枚　鍬壱枚　与八

一、同三枚　鎌弐枚　庄次郎

一、同弐枚　同壱枚　忠右衛門

一、同弐枚　同壱枚　富蔵倅

〆　人数拾五人之内

東沼村名主弥兵衛組

日々の小さな努力の繰り返しの中から希望が生まれ、自分の村を生き返らせる事になるのだということに、村人たちは気付き始めていた。やがて金次郎は荒地の開墾に手をつけた。村人たちが従ってくれるという確かな手応えを感じてからの挙行だった。

その頃、金次郎は家計簿とは別に日記をつけ始めた。それは金次郎の個人的な記録ではなく陣屋日記という体裁を取っていた。

歳中日記帳　文政七年　申六月より

六月

一　五日大上々天気、勝俣、武田両人にて被到廻村候、二宮壱人物井なめし田亀田耕地辺を委敷廻申候、昼より東沼、横田、物井三ケ村又廻村仕候、今夜泊、巳之吉家内共

一　六日上々天気、勝俣、武田両人被到廻村候、二宮壱人にて弐度廻村仕候、西長屋共横田村西長屋田植、両長屋共行

日記はあえて漢字ばかりの固苦しい書き方を取っているが、桜町仕法のための記録である以上、事務的な手法が必要とされた。それでも丁寧に読んで行くと陣屋内の人々の暮らし振りや家族の変化などが見えて来る。

一　十一日下天気少づつ雨降、勝俣病気引込武田壱人廻村、二宮壱人廻村、円蔵壱人廻村仕候、品右衛門田植、万右衛門田植、西長屋田植大勢にて

一　十二日下天気、勝俣病気にて引込、武田氏、二宮、弥兵衛三人にて廻村仕候、昼仕舞、昼より二宮勘定仕候、西長屋新田植、桑野川村田方今日相済候筈

陣屋では勝俣小兵衛が病気に倒れて、廻村に滞りを見せている。六月は田植えの時期だ。金次郎赴任後初めての桜町での植え付けは多忙な中にも活気に溢れていた。

一　十六日上天気也、勝俣氏出勤被成候、武田両人被致廻村候、二宮壱人廻村仕候、物井村田植皆済候

やっと勝俣の病気も癒えた。物井村の田植えは皆終わったと日記はホッとした思いを伝えている。

七月

一　十六日上々天気、三人内弥太郎去十一日より、今十六日迄之内、少しづつ腹下りねつきあり、今朝より段々宜敷相成候、格元日々招申候、薬弐服づつ取申候

（格元は物井村の医者）

今度は二歳の息子の病気である。これは気がもめる。実は息子は十一日から具合が悪かった。梅雨が明ければ皆も健康になるに違いない。

一　十七日上々天気、三人内、夜五ツ時より少々づつむしかふり、四ツ半九ツ時迄之間に出産仕候、女子。今夜杢兵衛咄居候、長屋金治両人にて真岡町へ神酒取、並まくり取行　（むしかふりとは産気づくこと）

金次郎の一家に娘が出来た。金次郎の喜びは夜道を歩いて神酒を頂きに出掛けることで表現されている。

一　二十七日上々天気、大暑、おふみ十一日御祝儀、御陣屋内御酒差上候、赤飯両長屋共、平次、杢兵衛、よて、平十

（よては雇い女）

十一月

一　十六日中天気、家内、おふみ、巳之助、お里、大前神社へ参詣致候

一　二十一日大極上々天気、おふみ、食初め仕候、勝俣、八百蔵、定治郎、喜六母など招
　申候

生まれた女の子に金次郎はふみという名を与えた。長じては文子と漢字を用いるようになる。この子は実に愛らしかった。女の子というものがこんなに可愛いとは金次郎も知らなかった。金次郎は兄弟も男ばかり、身近に小さな女の子を見るということがなかった。目に入れても痛くないという愛情を金次郎はこの子にそそいだ。

金次郎は十一日御祝儀に赤飯を炊いてみんなに配った。現在は赤ちゃんの祝いはお七夜が主だが、江戸時代には十一日祝儀というものがあったことが分かる。

以後金次郎の日記にはおふみの名がひんぱんに現われるようになる。三人の生活におふみが加わると二宮の家はすっかり様変わりしてしまう。仕事一辺倒であった金次郎が家族

の事を考えるようになった。とはいえ、金次郎にはなさねばならぬ使命がある。そこで金次郎は良いことを思いついた。

家族連れで廻村をしてしまうのだ。

文政九年（一八二六）

二月二十三日

一　中天気

勝俣内室、二宮内室、弥太郎、おふみ、金兵衛、又次内方おゆき、七人連れ三ケ村廻村仕候

十一月二十八日

一　中天気

おふみ御祝儀（三歳のお祝いをした）

文政十年（一八二七）

五月十六日

一　中天気　昼より雷雨夕暮まで

御陣屋皆々内、二宮内おふみ少しあやまち致し、格元呼申候。日暮に天気相成候

まもなく四歳になるおふみがおもらしをした。金次郎は大いに心配をした。「どこか悪いところがあるのかも知れない」と心配のあまり医師格元を呼んだ。医師はハハハと笑ったのだろう。「ご心配には及びません。子供さんには良くあることです」。父はほっとして空を見上げたのだろうか。夕暮れの空はすっかり晴れ上がっていた。やれやれである。

おふみがよちよちと歩き始める頃、三歳年長の兄弥太郎は七歳になっていた。この小さな兄妹が父の廻村の御供を始めるのはこの頃のことだ。

文政十年

一　十月四日　中天気

真岡村円林寺へ家内、弥太郎、おふみ、常八、おつる、おかう、吉蔵、又治、同家内薬師へ参詣致候　二宮、小治郎家作罷出

一　十一月四日　上々天気

東沼村観音寺へ家内、弥太郎、おふみ、又治共四人罷越茶飯被下候

神社仏閣への参詣は女こどもの何よりの楽しみ事であった。金次郎の筆は家族のそうし

た小さな旅を喜んで記している。子供たちが参詣の習慣を身につけることをこの父は歓迎した。子供たちが歩くことにも賛成だった。「外に出れば必ず何かを見る。その事から何かを学ぶものだ」と言った。

　この年、文政十年十一月二十三日、兄弥太郎の七歳の御祝儀をした。

一　弥太郎七歳御祝儀　朝五ツより餅、九ツ時より夕方まで御酒、吸物等出候、終日相催
　候

　ひとときの二宮一家の平安な時間が流れていた。

　弥太郎とおふみの二人は学齢に達しても寺子屋には行かなかった。二人の教育は金次郎夫妻の手で行なわれた。金次郎の教育の仕方はちょっと風変わりだった。とにかく子供たちを神社仏閣などへの参拝や、茶つみや栗ひろいなど外に連れ出すのだ。金次郎自身が仕事にしている廻村を子供たちにも体験させようとしていた。その頃の金次郎の主な仕事は何時間もかけて村内を巡り、村人の暮らしぶりを指導することだった。どんな村だって一軒一軒の家の単位から成り立っているのだ。

　その小単位の家庭を復興させることが、村全体を蘇生させることだ。それが金次郎の考

え方だった。金次郎一家は連れ立って、村を廻った。寺まいり、神社まいり、栗ひろい、茶つみ、蜆ひろいなどの楽しみ事も時々加わった。

道すがら、父は子供等に自分の生き方や考え方を話して聞かせた。小さい子供達には難しくて良く分からないこともあったが、家族で出掛ける喜びは格別であったに違いない。金次郎は波子という伴侶を得た事によって、自分一人の努力を二倍にも三倍にも膨らませてくれる力を知った。家庭という船に乗る子供たちも同好の士として育ってくれれば、こんなに有難いことはないと金次郎は思った筈だ。

金次郎独特の家庭教育が始められていた。家族という一つの単位で、学び、遊び、楽しむという発想は明治以降西欧からもたらされたものと考えられていたが、そのファミリーの本当の意味に金次郎は気付き実行していたことを、この頃の二宮日記は伝えている。

文政十一年（一八二八）

八月七日　中天気

一　波、弥太郎、おふみ、万兵衛、金右衛門、勘右衛門、藤蔵、清右衛門、杢兵衛、よて、

うつのみやへまいり候

この日の出納帳には

一　金一分二朱　　　　お波入用成り

是者宇都宮三志不罷越候付、弥太郎、おふみ、其外ふじ孝者共召連罷越雑用也

八月八日　中天気

一　波、弥太郎、おふみ、みな一どうかへり候

九月九日　上天気

一　二宮、波、弥太郎、おふみ、西長屋万兵衛殿、横田くりひろいにまいり候

文政十二年（一八二九）

四月二十三日　上々天気

一　弥太郎、なみ、おふみ、忠兵衛四人にて物井村へちゃつみにまいり候

四月二十六日　中天気

一　弥太郎、なみ、ふみ、忠兵衛四人、東沼村ちゃつみにまいり候

五月二十三日

一　金次郎村役人横田村田うへ、弥太郎、なみ、ふみ、忠兵衛四人横田村へまいり候
七月十日　上々天気
一　弥太郎、おふみ、なみ、おます四人東沼村観音寺へ
一　銭七十二文　　弥太郎、おふみ入用
（これは三千六百円。二人は観音さまで何を買って貰ったのだろうか）
七月十四日
一　銭百七十二文　　弥太郎、おふみ
大正いんへまいり候入用
（これは八千六百円。二人の買い物は随分高価である）
八月二十七日　上々天気
一　金次郎村かたまはり、弥太郎、おふみ、なみ、おます四人東沼村観音寺へまいり候
九月二十二日　上々天気
一　金次郎東沼村かたまはり、弥太郎、おふみ、なみ、おます横田村へ蜆ひろいにまいり
候

家族で遠出する時には、当然ながら皆で歩く。歩きながら子供たちは様々なことを学んだ。しかも栗やしじみの戦利品まであった。子供たちはきゃっきゃっと言って、栗やしじみをひろった事だろう。収穫のある散歩は二宮ファミリーのこの頃の楽しみ事だった。金次郎の復興の仕事も着々と進んでいた。荒地開墾は金次郎が栢山村の実家を建て直す際に用いた手法だった。

荒地に苗を植えても、それほどの収穫は望めないが、六年後の検地までは荒地は無税である。桜町の人々はこぞって荒地開墾に精を出した。少しずつ桜町の村は豊かになって行った。

一時は家も荒れ果て、ハメ板まではがして燃料にするような暮らしだったが、二、三年もすると二男、三男の分家取り立てや入り百姓の育成にまで、金次郎は乗り出した。入り百姓とは他村からの入植者を受け入れることだった。村にとって人口の確保は繁栄の証であった。

田圃の整備の一つとして、金次郎は用水堰の改修を積極的に行なった。「横田大堰」「三宮堰」の改修をした。「高瀬堰橋」の掛け替えも完成させた。

何よりも桜町の人々がやる気をとりもどして来た事が希望につながっていた。このまま約束の十年まで過ぎて行けば何ら問題はない筈だった。

問題は深い所で生じていた。開発の進み方があまりにも早すぎてついて行けないとこぼす人がわずかだが出て来た。入り百姓（他村からの入植者）への不満もあった。

金次郎そのものに反発する者もあった。金次郎は町では、小田原藩主から全権を託されたれっきとした役人であったが、他人に対して偉ぶるということがなかった。特に武士たちは外から家に上がる時には、下の者に足を洗わせるのが習わしだったが、金次郎は陣屋前の小さな池に足を入れて自分で洗った。陣屋の前を通りかかった村人がその様子を見て「何だ。二宮も百姓じゃないか」「おれたちと変わらないんだよ」と、そんな事で急にバカにしはじめたのだ。封建社会に慣れた人々は身分の高い者にはへりくだってヘコヘコするが、そうでないと分かると「フン」として威張る。金次郎の言うことをさっぱり聞かなくなって行った。

それに追い打ちを掛けるような出来事が起こった。小田原藩の役人豊田正作の桜町着任である。文政十一年十二月十一日のことだった。

これまでの上司横山周平は金次郎の仕法に好意的だったのだが、その頃台頭し始めた反対派の旗頭として豊田正作が小田原から乗り込んで来たのだった。豊田は以前から、藩主が金次郎を重く扱うのを面白く思っていなかった。

「小田原の吏某なるもの、性はなはだ剛奸にして先生の徳行を忌み、其事業を妨ぐ」と『報徳記』にもあるが、豊田の登場によって喜んだのは勤労主義を嫌っていた村内の人々だった。表彰などにも縁のない怠け者たちは金次郎の覚えも悪く、不満をためていた。つまり怠けたがっていた連中は喜んで豊田側にくっついたのだった。金次郎の力で押しこめられていたそういう人々が息を吹き返した。彼らは入り百姓の勤勉さも嫌っていた。

金次郎の窮地だ。波子が実力を発揮する時が来た。この時、夫の苦況を救うべく波子が一つの案を出した。酒好きな豊田に酒をすすめるというものだった。「とにかく、私に試させてよ」と翌朝早く、酒を抱えて豊田宅に出掛けた波子は言葉巧みに酒をすすめた。もともと酒には目がない豊田のこと、すぐに泥酔してしまった。豊田が謀計をめぐらすことが出来ないのを見て取ると、金次郎はその間にと仕法に励むのだった。

「悪くき鷹にエサを与へ、以て先生の功業を全ふせしめた」と、この時の波子の振る舞いを『二宮先生夫人』の作者目黒俊彦は書いている。大正年間のことだ。

波子という人はこういう豪胆なところのある人だったようだ。一日の仕事を始める男性たちに「さあ朝茶ですよ」と言って湯呑みに酒をついで廻ったのも波子だった。勢いをつける朝酒だった。

ところが豊田も愚かではない。すぐにこちらの策略を見て取り、再び金次郎の妨害を始めるのだった。もはや金次郎は手も足も出ない。村人たちも息をひそめて成り行きを見守るばかりだった。「これまでのわしの苦労は何だったのだろう」。金次郎は何よりも新しい役人にシッポを振る農民たちが情けなかった。もはやこれまでと、金次郎は奥の手を出すしかなかった。

明けて、文政十二年（一八二九）の正月、金次郎は江戸に出府するといい置き、江戸屋敷には姿を見せず、出奔してしまった。栢山村を出てから七年目のことだ。のちに「尊徳くもがくれ」或いは「尊徳逐電」といわれる出来事である。常に優等生であった金次郎の生涯の中で、文政十二年の雲がくれほど人間性をむき出した事件は珍しい。冷静沈着な金次郎の感情的な振る舞いがのちのちまでも人々の興味を誘ったのだ。

八方ふさがりの金次郎は何もかもがイヤになって家族たちからも村人からも姿を隠してしまって生死のほども分からない。何日たってもその行方は知れなかった。

その間の二宮家の「当座金銀米銭出入帳」は波子の手で記入されている。波子はどこまで金次郎の真意を知らされていたのだろうか。世間的には波子にさえ知らせることなく金次郎は消えてしまったという体裁を取っていたが、この出入帳を見る限り、波子は何もかもを知らされていて、出奔の一翼を担っていたと思われる。

この年の初頭の会計は前年度からの繰越金、二十三両一分一朱と銭一十四貫九一四文(合わせて約百十五万円余)があった。その中から金次郎は金二十両(百万円)と銭八百文(四万円)を持って出府している。残金はまことに少ない。

それなのに波子は酒を三回も買っている。六日、十四日、二十三日と合わせて四升の酒を買っている。豊田正作への贈り物であったと思われる。

一月末日にはほとんどゼロに等しい残高になってしまうが、波子は別に焦る風もない。二月に入ると波子は領内農民のかみさん達に木綿つむぎや機織りなどを指導している。その元手は波子が出している。

一　金壱両（五万円）　峯高坪、七郎次、是は小使入用に付受取

と記入されている。木綿糸代や縞布の機織賃、たね綿代、木綿さらし賃などにその壱両は使われている。手元残高のなくなることを波子はすこしも恐れていない。

米穀商人、峯高七郎治からの受け取り分を波子の一存で使って良いという承諾を得ていたのだろう。この頃になると子供も大きくなり、波子の自由な時間も増えて来た。夫の留守を利用して村内の女性たちに機織りの指導などを始めていたことが分かる。江戸末期のこの頃、九州久留米の井上でんが絣を考案するなど女性が着るものに大きな関心を払うようになっていた。農村の女性も機織りを覚えてしゃれたものを着てみたいと思い始めていた。江戸で見た新しい模様を取り入れて、波子は村内の女性たちにその縞柄を紹介してみたかった。金次郎に相談すると大賛成だった。冬場の農閑期を利用して、波子は機織り教室を開催している。

三月十日

一　弐百文　うらない

と、家計簿にあるのはどうしたことだろう。おもて向きには、夫の行方がまるで分からないので占いを頼んで見て貰ったということになる。しかし、もし波子も共犯であるとすれば、占いは他人を欺くための手の込んだ芝居だったのか。占い代弐百文（一万円）は大変な出費だ。当時占い師のような仕事をするものがいたらしい。

波子が占いを頼んだちょうどその頃、総州の成田不動尊の近くの宿屋に金次郎は忽然と姿を現わした。金次郎はそこで人目につくような大騒動を起こした。金次郎は汚れた農民の姿でやって来て、いきなり七十両もの金を出した。不審に思った宿の主人が金次郎を追い返そうとしたのだ。

「わしは小田原の藩士だ。ウソだと思うなら江戸の小田原屋敷に問い合わせたらよい」と金次郎は譲らなかった。ちょうどその頃、桜町の金次郎の信奉者たち十四人が江戸に出掛けていた。それは東沼村の岸右衛門たちで、金次郎の行方を探して欲しいと豊田正作に願い出たのだが、豊田は耳を傾けてくれない。止むなく十四人は江戸の役所に嘆願するつもりで、独自に江戸にむかったのだった。これこそ金次郎が待ち兼ねていた事だった。江戸屋敷でも総力を上げて金次郎探しに立ち上がろうとしていた。

ちょうどそこに現われたのが成田不動尊の宿の小僧だった。「小田原藩士に二宮というお方はおられるでしょうか」と、その小僧が訊ねると皆は飛び上がって驚いた。早速、成田に直行したが、金次郎はすでに二十一日間（三×七）の断食行に入ってしまっていた。二十一日の修行が終わったら必ず帰るという約束をして貰って桜町の人は安心して戻って行った。

この断食行を行なうことで、金次郎は桜町への自分の思いを完成させたかった。金次郎の雲がくれを完璧にするものこそ、成田不動尊での断食祈願だった。

それにしても、桜町を出る時二十両しか持っていなかったのに何故、この時七十両もの金を持っていたのだろうか。この成田に現われるまでの二ヵ月余、金次郎はどこで何をしていたのだろうか。金次郎のことだ。単なる時間稼ぎをしていたとは思われない。神仏祈願もしていたろう。名前を隠して労働もしただろう。金次郎自身の将来に役出つ何かをしていたにちがいない。金次郎は何も語らなかった。

金次郎がこの時、雲がくれを決行した意味については今でははっきりと分かっている。自分の存在の意味を分からせようとした時に一番効果的なのは、自分が消えることなのだ。

金次郎のように存在感のある人が消えてしまうと人々はあわてふためいて、彼がどんなに重要な人物であるかに気付くのだ。

『小説　二宮金次郎（童門冬二著）』も『尊徳くもがくれ（池波正太郎）』も書き出しはこの雲がくれ事件から始まっている。作家たちの触手を動かすものがこの一件にはあるのだった。

金次郎は最後の仕上げとも言うべき断食行を心を鎮めて行なった。その頃桜町の波子の元にも「金次郎現わる」の知らせは届いていた。断食行に入るという金次郎の知らせを聞いて、波子は塩断ちの行を始めた。何かせずにはいられなかったのだろう。この成田で金次郎の行方が判明してからは実は波子には気楽な日々だった。これまでが辛かった。同犯であればあるだけ、村人の心配に合わせなくてはならなかった。自分だけが知っていれば、皆を騙すことになる。どっちにしても大変な日々だった。成田でみんなに存在を知られたことはホッとすると同時に緊張感から解放されて気がぬけてしまうのだった。

塩断ちはその二十一日間を最後まで緊張感を持って過ごすための方便であった。しかし、世間は塩断ちする波子に一層の賢婦人の誉れの感を強くするのだ。

「夫の難行に服せらるるの故を以て、己れも其の苦を倶にせんとし、彼の立行なる苦行をなして、倶に仏陀の冥助を希はれた我が波子夫人の如きは実に稀に見る所の貞烈なる婦人というべきである」と例の目黒俊彦は書いている。この時のことが後世まで語り継がれるのはそれ故である。

こうしてその二十一日も終わった。

文政十二年四月八日　中天気二宮金次郎、土うらしく（土浦宿）かへり候、村かたみなむかへにまいり候
内弥太郎、おふみ　まいり候

この日の日記は久しぶりに金次郎の筆である。断食誓願が満願になると、金次郎は一目散に我が家にもどっている。二十一日もの断食行のあとなど、たいていの人はすぐには歩けるものではないそうだ。それなのに金次郎は物すごい速さで歩いたと言われている。それでも成田からもどるには土浦で一泊する必要があった。この日記によれば、金次郎の帰

りを待ちきれなくて、村内の人々はとうとう土浦まで迎えに来てしまったということだ。しかも、もっと金次郎を喜ばせたのは弥太郎とおふみの出迎えだった。「弥太郎、おふみまいり候」と父は日記に書いた。その一行に三ヵ月振りに我が子に逢えた喜びがこめられている。波子もちゃんと出迎えていたのに、妻の姿さえ目に入らなかった。ついつい波子の名を日記に記すのを金次郎は忘れてしまった。わざわざ記すまでもなかったのかも知れない。波子がいなければ金次郎は雲がくれなどしてはいられなかったのだ。

尊徳雲かくれ、正確には一月四日から四月八日までの三カ月間のことになる。この一大事を通過して、金次郎の一家は揺るぎない固い結びつきとなって行った。

この時、弥太郎八歳、おふみ五歳、久しぶりに父を迎える二人にとって、この日は忘れられないうれしい日となった。

# 七

# 以徳報徳

改正新升
文政３年（1820）尊徳は年貢米を量るための新升の設計を小田原藩に提案した。これが採用され、それまで18種もあった升が統一された
（二宮通尚氏所蔵）

金次郎の雲がくれで明けた文政十二年（一八二九）の正月にくらべて、翌天保元年（一八三〇）の正月は金次郎一家にとって夢のように幸せな時だった。

その後豊田正作は小田原に帰り、健康を取り戻した横山周平が再び赴任して来た。横山は金次郎の理解者だった。反対者たちも鳴りをひそめた。桜町仕法は当初の計画どおり軌道に乗って進んだ。

ここで家族に礼がしたいと金次郎は考えた。何と言っても金次郎の留守宅を守り、桜町の女性たちを通して金次郎の仕事を理解させた波子の力は大きかった。雲がくれ作戦の陰の活躍者波子に形に残る礼がしたかった。これも金次郎の特異な行動だった。現在の男性なら当然かも知れないが、江戸時代に妻に謝礼をする男などめったにいるものではない。

天保元年正月五日、波子と二人の子供弥太郎、おふみは小田原に向かって出発した。ごほうびの里帰りであった。あの日、一家で小田原を出てから七年の歳月が経っていた。二十七歳の波子、十歳の弥太郎、七歳のおふみ、お供に陣屋勤めの万兵衛と金兵衛が選ばれた。一行は江戸滞在までを含めて九十日間の旅をした。所要経費は十五両二朱余（およそ七十五万円）だった。大旅行だった。

江戸までは内用で出府する東沼村弥兵衛と物井村岸右衛門が同行した。

寅正月五日朝立

一　金七両二分銭八百文　　路用持参

一　銭六百八十四文　　結城弁当代

一　銭百五十文　　佐右衛門渡

一　銭二十四文　　みかん

一　銭四十八文　　結城昼使

一　銭四百文　　結城宿より諸川宿まで駄賃一疋分

一　銭四十八文　　馬士酒代被下軽尻一疋

正月五日夜

一　銭一貫五百門　　船賃七人
（弥太郎、おふみ、波子　万兵衛、金兵衛、岸右衛門、弥兵衛）

一　銭四百文　　さかへ川岸より行人川岸まで人足二人分軽尻一疋

一　金一朱銭百文　伝右衛門被下
一　銭百六十四文　御酒代被下
一　銭百七十弐文　境宿子供
一　銭三百三十二文　同所夕飯代
一　銭百六十四文　境船渡し、御酒被下五人分
正月六日
一　銭四百文　川口より小網町まで小船はしけ
一　銭六百文　舟宿弁当代七人分
一　銭百三十二文　ぞうり二束
一　銭三十二文　みかん
一　銭十六文　きんかん
正月六日
一　銭六十四文　菓子代
一　銭八十四文　みかん

一　銭二十四文　　　　　　　椎ノ実
正月七日
一　銭八文　　　　　　　　　湯銭
一　銭十二文　　　　　　　　非人被下
一　銭十六文　　　　　　　　かつ
一　銭二十四文　　　　　　　みかん十
一　銭四十八文　　　　　　　菓子代
一　銭二十六文　　　　　　　半紙一枚
正月八日
小田原行、江戸で沢山の買物をする。これは小田原の人々への土産品とする。
正月九日
一　銭十六文　　　　　　　　みかん
一　銭六十四文　　　　　　　蕎麦切代
正月十日

一　銭一貫四百文　品川宿より神奈川まで外二百四十文被下、是は問屋貫目掛賃
一　銭三十文　鳥拾代
一　銭十五文　みかん
一　銭五百文　川崎宿万年屋弁当
一　銭四十八文　六郷渡賃
一　銭四百二十四文　市場村梨代、是は小田原へ持参致候
一　銭四十八文　馬士御酒代に被下置候
一　銭二十文　わらじ一足
一　銭一貫百二十四文　神奈川宿、市原屋平右衛門泊り五人
正月十一日
一　銭三十八文　神奈川宿より保土ケ谷宿まで小遣い
一　銭八十三文　保土ケ谷宿より戸塚宿
一　銭七十文　戸塚宿より藤沢宿
一　銭百二十五文　藤沢宿より平塚宿

一　銭三十五文　　平塚宿より大磯宿
一　銭六十七文　　保土ケ谷より平塚宿
一　銭百九十二文　　同かご賃
一　銭百二十四文　　馬一疋
一　銭二百六十四文　　藤沢宿江戸屋弁当代
一　銭二十五文　　平塚宿より大磯宿まで
一　銭二十四文　　のり前
一　銭百文　　馬士御酒代
一　銭二十四文　　半紙一状
一　銭三十文　　子供入用

正月十二日朝払い

一　銭一貫文　　大磯宿菊屋吉兵衛方泊五人分
一　金小朱　　国府津村より飯泉村までかご賃
一　銭百文　　御酒代被下

正月十三日
一　銭百三十二文　大磯宿より国府津村へ
一　銭二百十文　同人足二人
正月十四日
一　金二朱　帯しん代
正月十六日
一　金一分三朱　西物井村金兵衛
是は飯泉村帰り路用
一　金一朱　同人
是は小田原見物入用
正月十七日
一　金一分　栢山村常五郎
是は菓子代被下候
正月十八日

一　金小朱　　　　　お波入用
　　　　　　　　　　是は飯泉観音町にて
正月二十二日
一　金一分　　　　　御長屋万兵衛
　　　　　　　　　　是は路用遣候
一　金小朱　　　　　弥太郎、おふみ両人足袋一　金一分一朱　弥太郎
　　是は銀千草一反袖口代、そそはぎ代
一　銭四百十二文　鏡　櫛入れ
正月二十三日
一　金小朱　　　　　お波入用
正月二十九日
一　金一分　　　　　曽我太兵衛様
　　　　　　　　　　是はみやけ代遣る
二月六日

一　金二朱　　　　　　　お波入用
二月十日
一　金二朱　　　　　　　お波入用
二月十八日
一　金二朱　　　　　　　栢山村善栄寺御仏前へ
一　金一朱　　　　　　　弥太郎おふみ雪駄二足
二月十九日
一　銭百七十二文　煙草一斤
二月二十三日
一　銭二百文　　　　小半紙一〆代
三月七日朝
一　金二朱　　　　　　　蓮正寺村老母さま
一　金二朱　　　　　　　飯泉村熊五郎
一　金一朱　　　　　　　下駄一足

## 一　銀二十七匁五分　御膳御肴酒十人まへ

波子たちは旅装を実家の飯泉村の岡田家に解いた。そこを拠点として、栢山、下曽我、小田原城下、蓮正寺などゆかりの村々を訪ね歩いたことが家計簿によって分かる。波子は子供たちに金次郎や自分を育んだ足柄平野を見せて置きたかったに違いない。とくに栢山村から見る富士の壮大さを見せたいと思っていた。

一方、訪ねて来る昔の知人たちには惜し気もなく金品を振る舞った。江戸で仕入れた品々はここの人々の目を見張らせるものだった。七年前、垣根の笹だけまで売りに出して村を捨てて行った二宮一家の帰省はとかく噂のタネになったに違いない。

「故郷に錦を飾る」とはこの事だろう。「ご主人偉くなっちゃって、すごいねぇ」「波さんたら着てる物からして私たちとはちがうよ」そんな声が聞こえて来そうだ。小田原滞在の最後の日には、銀二十七匁五分を出して十人前の御膳と御酒の用意をして別れの宴を張っている。

「惜しむなよ。そういう時は金を惜しんではならない。思い切って大盤振舞をするのだよ」と金次郎は言った。桜町という荒廃の土地は今、金次郎の手で着々と復興が進んでいる。その事を妻子の里帰りによって故郷の者に知らしめるのだ。尾羽打ち枯らしていては困るのだ。波子も二宮という船の乗組員としてその辺の事は良く心得ていた。夫の意図するところをきちんと小田原で演じ切ったのだった。波子自身にとってもこの里帰りは得意の絶頂だった。

夢のようなふるさと滞在を終えて、波子たちは帰路についた。帰りも波子たちは江戸に出て、出府中の金次郎から小遣いの補給を受けた。「大丸」で買い物をしたりすると当初の予算を大幅に超過した。桜町に戻った時には明け荷（つづら）一つ分の荷が増えていたとの記録が残る。小田原の土産と江戸での買い物が荷物を増やしていた。

「波子にとって、空前絶後の満ち足りた仕合せな春であった」と尊徳研究家第一人者、佐々井典比古氏に言わしめたのもこの時のことだ。しかし「月にむらぎも、花に風」ではないが、この幸せな旅の途中で波子の心にかかるものがあった。それはちょっと気掛かりな程度の小さな事だったが、次第に本格的になって来る。

飯泉村の波子の実家の経済状態のことだ。波子の実家岡田家は元は組頭を務めるほどの名家だった。波子が七年前に金次郎に嫁ぐ頃には何不自由のない家庭であった。問題は後継ぎがなかった岡田家に養子に入った忠蔵の経済観念のなさにあった。

忠蔵は波子には母方の伯父に当たるが、金使いが荒く働くのは大嫌いという人物だった。どんな立派な家だって一家の主人がこれではガタガタと傾いてしまう。それでも波子たちが里帰りした頃にはなんとか形を保っていたが、その後、娘の死亡、妻の病気など臨時出費があると家運はひとたまりもなかった。

天保三年春、忠蔵は桜町までやって来て、金次郎に泣き付いた。その時、忠蔵は帰りの路銀もなかったのだ。金次郎はしかし手厳しかった。金をせびりに来る者に無制限に金を与えても何にもならないことを金次郎は知り尽くしていた。自分の力で金を生み出せる方法を教えて帰すしかなかった。

翌四年四月二十七日、波子は心配のあまり単身で帰省してみた。そこで波子が見たものはあまりにもひどい実家の姿だった。すでに家屋敷も田畑も人手に渡り、一家は借家住まいに身を落とし、村人の人情にすがって生きているのだった。

波子は声も出なかった。桜町三カ村を興し、何百軒もの家を導いている金次郎のその妻の実家がこの有様かと波子は呆然とするばかりだった。

二宮金次郎妻、癇病相煩居候ニ付当地へ、罷越療用支度右ニ付田町弐町目ニ罷在候、町人半兵衛ト申者方へ逗留

ついに波子は癇病（ヒステリー症）になってしまった。その年の夏八月二十二日から十二月十五日まで波子は江戸に出て、田町の松屋半兵衛宅で療養生活を送った。弥太郎（十三歳）とおふみ（十歳）を伴っての逗留となった。

松屋半兵衛宅は田町の浜風が通う気持の良い場所にあった。小田原の海辺を思わせる風情もあって、波子の病状は快方に向かった。一方、金次郎は波子の実家の建て直しに本腰を入れ始めた。『飯泉村峯右衛門式復興』として仕法小田原領四に記録されている。

波子の花嫁衣裳、小袖、白無垢、帷子、帯、腰巻にいたるまで十六点の品々が「復興のタネ」として差し出された。これらを売ると、四両二分（二十万円余）になった。これに金次郎の五両を足した。さらに報徳金五両を貸し付けた。全部で十六両余（八十万円ぐら

い）となった。これを元手に土地を買い戻させ、農作を続けることを指導した。ようやく復興のきざしを見せた。これを「衣料推譲」と金次郎は名付けた。花嫁衣裳という復興のタネが花開く日が待たれた。この思い付きは最高であった。人の噂にもなったが、金次郎はこの場合に限り、てこずっている。

元々怠け者の忠蔵のことで少し生活が楽になるともう働かない。酒代の借金が又増えるという具合だった。ついにこの人は自己改革が出来ないままに一生を終えた。この家が立ち直るのは息子熊太郎の代の二十一年目のことになる。思えば長い実家の苦難だった。苦労の人熊太郎は後に峯右衛門と名乗り、岡田家を再興させたのだった。

ところで、話を少し前にもどしたい。波子たちの豪勢な里帰りが終わって二年目、桜町に金次郎が手をつけて十年目に当たった。一応の復興を終えて、桜町は見違えるような豊かな土地になっていた。

天保二年（一八三一）小田原藩主忠真は日光東照宮を参拝した。その帰路、桜町に出て自身の目で復興振りを確かめた。この時、結城まで挨拶に出た金次郎にこう言ったと伝えられている。「お前さんのやり方は『以徳報徳』だね」と。

「徳を以て、徳に報いる」それを以徳報徳と言った。藩主と金次郎は田の畔道でそれを語り合い。肝胆相照らす主従はその一言で理解しあうことが出来たのだった。

この徳とは何か。過去の研究家たちはそれぞれにこの徳の解釈をした。最近では童門冬二氏は『小説　二宮金次郎』で、徳を可能性だと言っておられる。可能性を以て可能性に報いる。言い得ていると思う。

私は「夢」という言葉に置き換えたいと思う。夢を具現化するには夢を以てするしかない。はっきりした夢を描くことの出来る人のみが夢を実現させられるのではないだろうか。波子の実家の当主は夢を描けない人だった。さすがの金次郎も彼を変えることは出来なかった。金次郎の言葉で言えば、彼には徳が潜んでいなかったということだろうか。

この日、忠真と語り合った時から、金次郎は自身の仕事を報徳仕法と呼ぶようになった。金次郎の名も、いつのまにか、尊徳と変わって行った。忠真の言葉は金次郎にとって何よりの勲章だった。

この年、桜町では四百二十六俵の余分な収穫を得て、小田原大久保家に納めた。翌天保三年、全国的飢饉に襲われると、この余剰米が小田原領民を救うことになった。

そうこうするうちに金次郎の二人の子供たちはめざましい成長を遂げていた。金次郎は二人の子供のために江戸から書道の師藤原聖純（不退堂）を選んだ。これは京都の人で江戸で活躍している人物だった。漢学者若林欽行（常陸の人）も招かれた。この二人の師から習字と漢学を授けられた。

その後、烏山藩士大久保金吾（文隣）に書を学ぶようになる。

金次郎はこのように本物の実力者をわざわざ招いて子供たちの教育をして貰うのだった。それが父としての金次郎のやり方だった。贅沢なほど超一流の師を選択した。子供だからなどと手は抜かない。むしろ子供だからこそ師を厳選した。そうするうちに金次郎はおふみの特別な才能に気がついた。というよりは波子がまず気づいて「ちょっとお前さま、おふみの描く絵を見てやって下さいよ」と金次郎に進言したのだろう。「女の絵師など無理な話かも知れませんね」と波子は少し残念がった。

「そんなことはない。これだけの絵はなかなか描けるものではない。ひとつ専門家に見てもらおうじゃないか」と金次郎は乗り気だった。

金次郎という人には固定観念がない。士農工商と言った身分が人間の質を決定するのではない。男と女の区別もない。能力のある者はそれを伸ばせば良い。おふみをひとかどの画家に育ててみたいものだと金次郎は考えていた。

おふみが十三歳になった年のことだ。

その頃、金次郎の桜町での建て直し事業が成功した事が人の噂に上るようになっていた。斎藤鍬太という旗本が多額の借財を抱えて、困っていた。金次郎はこの斎藤家の建て直しを引き受けた。この斎藤の親類に画家の大岡雲峰がいた。万事うまく行って、そのお礼のために斎藤一族が桜町陣屋にやって来た。その中に大岡雲峰がいた。

彼らは陣屋に滞在した。金次郎が雲峰におふみの入門を依頼したのは当然だった。以後おふみは雲峰の弟子となる。

「うちの娘の絵はどうかね」と金次郎は訊ねたのだろうか。金次郎はかなりの親バカ振りを発揮したらしい。雲峰からのこんな手紙が残されている。

「御筆意、墨色ともに賞し奉り候。この趣にては自然の抄、御手に生ずべく候と感じ奉り候」と雲峰は金次郎に書いている。「お嬢様の絵はなかなか立派で将来が楽しみですね。これからうまくなりますよ」と書かれたこの手紙は親の心をくすぐったことだろう。

その年の家計簿にはおふみ用の絵画の出費が記されている。

天保七年（一八三六）七月十七日

一　えのぐ、てんしょう、むき梅、あい紙、ふでなどしめて　金壱朱九拾四文（六千円）

これらは江戸で雲峰の見立てで買い求めたとあるが、おふみが江戸に出た様子はないので雲峰が金次郎から頼まれて画材を取り揃えたのだろう。

一方、その時代の子供たちにとってどうしても越えなければならない大事があった。はしかだ。兄弥太郎は十二歳で、おふみは十四歳で無事にはしかを済ませた。金次郎波子夫妻は二人の子が無事にはしかを終わらせたと誇らしげに日記に書いた。

はしかを済ませたおふみは急に娘らしく、やさしい風情を見せるようになった。二宮家の家計簿も俄然色めきたって来た。十四歳になったおふみは二宮一家の重要な一員になっていた。三歳年長の兄弥太郎が十七歳になると江戸に出府して江戸での事務を取るようになる。金次郎は小田原仕法が始まって小田原に詰めるようになった。桜町の事務は波子とおふみに任される。

この年から桜町の日記と出納帳はおふみによって記入されるようになった。
天保八年（一八三七）
正月五日
一　金二分二朱　　　　とちい忠次
是は弥太郎、おふみ、本代金相渡し候
正月十六日
一　金一分　　かんざしおふみ入用に候
正月二十四日
一　銭六十四文　天神こ
弥太郎、おふみ両人用

「天神こ」とは天神講のこと。二月二十五日に死去した菅原道真の祭りは毎月二十五日に行なわれたようだ。子供組などの講が持たれて当時の子供たちの楽しみ事であったことが分かる。二人で三千二百円の出費をしている。同じ年の二カ月後、おふみだけが天神講に参加している。

三月二十五日
一　銭五文　　天神こ
　　　　　　おふみ入用

神社への参拝は信仰の目的もあったが、外出の機会でもあった。特に縁日の立つ講の日は女たちも息抜きの外出の口実となった

八月二十八日
一　銭二十三文　観音寺　なみ、ふみ、りか入用
八月二十八日
一　金一朱　　おしろい　おふみ入用
　　　　　　東沼村寅次相たのみ候
　天保九年（一八三八）
正月七日
一　金一分二朱　おび地一反

おふみおび地

十一月八日

一　銀四匁八分　こもそうげた一足　ふみ分　十二月二十日

一　銭三百四十文　九文半一足

おふみ分たび

足袋一足が一万七千円もしている。まだ足袋は高価なものであったことが分かる。おふみの文数はおよそ二十三センチ、十四歳にしては大柄な方だ。そのおふみがおしろいを買うほどに娘びて来た。

二宮一家は桜町、江戸、小田原の三カ所に分かれ、綿密な連絡によって互いの情報をつなげた。成長した弥太郎、おふみの二人の子供はいつの間にか尊徳の仕事の一翼を担えるようになっていた。とくに江戸の弥太郎と桜町のおふみとは父親の体の心配までしあう程にキメの細かい書簡の応酬をしている。

二人は優秀な秘書であると同時に以徳報徳の精神を最も良く理解する人物であった。

# 八

# 尊徳幕臣になる

**尊徳肖像**

小田原藩士で画家でもあった岡本秋暉が描いた。天保13年（1842）尊徳56歳の初秋、江戸藩邸内に矢野筈右衛門を訪問した時のもの。秋暉はふすまの隙間からのぞいて写生したという

（剱持孝文氏所蔵）

「以徳報徳」という最大の褒めことばを藩主から貰い、自身を尊徳と名乗った日から、金次郎の生活は一変した。というよりはもう一つ階段を上ろうとしていた。

天保五年（一八三四）、尊徳は『三歳報徳金毛録』を著した。実践の人、尊徳は行動することで、その生き方を示して来たが、このあたりでそれを形に表しておく必要を感じてまとめたものだった。これは尊徳が自身の手で掴み取った哲学の神髄だった。

「三歳」とは天と地と人のこと。「人の世に在るや、三歳（天地人）の徳に頼らざるはなし」と記し、「宇宙は一つの円である」と自身の考え方をまとめ上げた。すべてが一つの円である。男と女、陰と陽、貧と富、徳と不徳、善と悪、それら相応する全てのものが実は一つの根から出たものだと尊徳は説く。

「だからそれらは相反するものでありながら、すぐに取って代わることが出来る」と言う。それは空論ではなく、四十八歳の尊徳の体験の中から得た哲学であった。

又、「天地の間に生まれた人間は二間であって、天地の間の物を食い天地の間で成長して、天地の間に住み天地とともに行くのだ。天地とともに勤め、天地とともにつくすべし」という、人はどう生きれば良いのかという根本的な考え方も完成させた。

彼は少年時代、極貧の中にあったが、二十歳そこそこで足柄平野一の大地主となってしまった。しかしその全てを売り払って、又、ゼロに自分を置いた。今、この桜町に黄金の穂のたなびく都を作った。成功者ということで教えを乞うものが今、門前列をなしている。が、尊徳はどこまでも冷静であった。「この世の中とはそれほど当てにならないもの。天地がすべてを支配するのだ」と言い放つ。

どんな金持ちも一家中で浪費して怠ければあッという間に貧乏になってしまう。だからこそ逆の建て直しも簡単に出来るのだと言う。固定観念にとらわれず、世の中を揺れ動くものとしてとらえることが重要だというのだ。

天と地が一つの円で宇宙になるように、あらゆるものが対照的なもの、正反対の性格を持ったものが円になる。一円は融合するというのは永遠の真理だった。尊徳はそれらの哲学を頭の中からひねり出したのではなく、自分の手で触ったものから感じ取って、積み上げた。決して借り物ではない。

「坊主と学者は嫌い」と尊徳は常に言ったが、その理由は「彼らは人の意見を自分のもののように言ったり書いたりするからだ」という。自分の体の中から出てくるもの以外は全て他人の借り物だと尊徳は考えていた。自身の五感によって尊徳は世の中の動きを察知した。目、耳、舌、鼻、皮膚を使って天地が送ってよこすメッセージを聞き取った。

日本中をゆるがした天保三年の大飢饉も、彼は茄子《なす》の味で察知したという話は有名だ。その年の初夏、宇都宮で茄子を食した彼は「秋茄子の味がする」と言った。

「これは危ない。自然界には秋が来てしまっている」と尊徳はあわてた。「秋茄子はヨメに食わすな」と言われるほど特別味が良いのだが、それどころではない。尊徳はその日のうちに桜町三カ村に命令を出して、食物の貯蔵をさせた。真岡木綿の名の残る真岡は木綿の産地として次第に有名になり始めていた。これからは沢山の収入が見込まれるとあって、その年も綿の木はどこの家でも余分に植えた。それなのに、尊徳は綿の苗を抜き捨てよと命じた。飢饉の年には何よりも食物である。空地という空地には大根、カブ、人参、大豆、ヒエなど手当たり次第、植えさせた。

村民は半信半疑で命令に従ったのだが、全国で十万人の餓死者を出したというのに、桜町では一人として死ぬ者はなかった。天保年間は日本ばかりでなく世界中が冷えていたのだそうだ。セーヌ川が一カ月も凍って食糧不足に悩まされ、それがフランス革命の引き金になったと伝えられている。天保年間のこの時代、繰り返しやってくる飢饉に苦しんだのは世界中の人々だったわけだが、そうした自然現象でも貯えのある者は命を落とすまでには至らない。

飢えて死ぬのは底辺の者だ。食うや食わずの者たちは暴徒と化して為政者に迫る。桜町でも小田原城下でも、貯えのないものは暴徒となった。尊徳は小田原では藩主に進言して桜町からの余剰米四百二十六俵を放出することを実行した。それでも足りないと知ると尊徳は余裕のある住民から強制的に供出させて貧しい農民に分け与えさせたのだった。これで、小田原城下でも餓死者を出さずに済んだが、そうなると供出をさせられた人々は不満を持った。「どうも尊徳は農民の肩ばかり持つ。気に食わん」と、そんな声が囁かれた。尊徳の行為は士族の利害と相反するというので、危険思想と考えられるようになった。

しかし、藩主大久保忠真は尊徳の助言によって、飢饉から領民を救えたことを感謝していた。時代はいよいよ尊徳の存在を必要としていた。桜町の成功を見て、藩主はこれから本格的に小田原藩内の仕法を尊徳にして貰おうと考えていた。というよりは尊徳でなければこの窮場は切り抜けられないと考えていたのだった。藩主と尊徳は身分も違えば、立場も違い、何もかもが違うのに二人は共鳴するものを持っていた。藩主が存命である限り、尊徳の仕事は安泰だった。

運が悪かったのは藩主の突然の病と逝去だった。天保八年（一八三七）三月、その忠真が病気になりあっけなく世を去ってしまったのだ。忠真自身、臨終の床で尊徳を正式な形で小田原城下に呼び戻しておかなかったことを悔やんだと伝えられている。遺言として「将来、尊徳を重く用いよ」という言葉も残したが、空しいことだった。士族たちにとって都合の悪い遺言は聞こえなかったことにしてしまった。

藩主が尊徳を重要視したことに対してそれを許せない連中がいた。「たかが農民上がりじゃないか」という狭い料簡から嫉妬する者もいた。それがついに尊徳排斥という行動につながってしまったのだ。

忠真の後をついだのは仙丸という小さな若君だったから、実際の政治は家老達の手で行なわれた。尊徳の存在を嫌っていた家老たちは尊徳を排斥する良い機会だと考えた。かつて豊田正作を応援した尊徳の反対派がまたぞろ息を吹き返して来たのだった。尊徳の理解者の服部十郎兵衛がすでに職を退いていたのも不運だった。

四面楚歌という状態の中で藩当局から領内に布告が出されてしまう。まずその頃盛んに行なわれつつあった小田原藩の各家の尊徳の仕法を禁止すると命じた。次に尊徳の小田原藩からの追放令が出た。

「小田原藩、報徳仕法を廃し、領民をして先生と往来することを禁ず」という命令だった。尊徳は以後先祖の墓参も許されず、故郷に立ち入ることも出来なくなった。

尊徳との往来を禁じられた領民は夜中に小田原を立って、続続と桜町に押し寄せ、こっそりと家の建て直しの指南を尊徳から受けたのだという。領民たちは　尊徳に対して敬愛を感じてもいたし、仕法の道も教えて貰いたかったのだ。しかし、故郷にもどれなくなった尊徳一家の苦しみは長く続いた。

後日談になるが、小田原の人々は長くこの時の尊徳追放令に対して、痛みを抱き続けた。「申し訳なかった」という感情が屈折して、「尊徳なんか大したもんじゃない」と、この偉人を否定する風潮が長く続いた。

若い日に栢山村の家一切を売り払って桜町に向かった尊徳の潔さは、村人の目にはふるさとを足蹴にして出て行った不遜さと映っていたこともあった。小田原人にとっては尊徳の行動は理解の外にあり、まるで自分たちを捨てて行ったかのように感じてもいた。

相馬や栃木の人々が文句なしに尊徳を崇拝出来るのに対して、小田原人は少しばかり複雑な気持ちで尊徳を受け止め続けた。そんな思いは脈々と生き続けた。故もなく尊徳をいじめてしまったことへの後ろめたさは、長いこと影を落としたのだった。

ふるさと小田原とのすべての縁を断ち切られた尊徳の苦しみは大きかったに違いない。何よりも両親の墓参が出来ないことは辛く、打撃だった。息子の弥太郎を代参に立てて小田原に送り、墓参をさせたのは苦肉の策であった。

そんな失意の尊徳に全く別のところから手が差し延べられた。それは突然の出来事だった。あろうことか、幕府からの登用の知らせが尊徳の元に舞い込んだのだ。

「わしの真価を認めてくれる者は必ずいる」という自信を、不遇の中でも持ち続けていた筈だ。その証拠に、当の小田原藩内の者らも、こっそり尊徳の元を訪れ、経済建て直しの教示を受けていたのだ。

時代は二宮尊徳を必要としていた。しかし、彼の能力を生かす機会は果たして本当にやってくるのだろうか。そんな不安もあった筈だ。

天保十三年（一八四二）、一通の報せが尊徳に届く。

十月三日　雨夕方ヨリ晴れる
一　昨二日、水野越前守様御宅へ御呼出ニ付　御留守居日下部春右衛門　被仰渡之御書付
　写御家老松浦平太夫殿被相渡候

そのお書き付けには御普請役格に召し抱えること、御切米、二十俵二人扶持が与えられることが記されている。

これは大変な抜擢であった。これこそ尊徳が待ち望んだものだったが、彼にはこれほどの抜擢の予感はあったのだろうか。

この年、徳川幕府では将軍家斉の死後、様々な苦難に直面していた。時の老中水野越前守忠邦は幕府権力を強化するべく、幕政改革の令を出した。「天保の改革」である。

当時は当然のことながら、領地から得られる年貢米によって、国家財政が賄われていた。だが天保の大飢饉ののち、領地は荒れ果て、肝心の農民も労働意欲を失ってしまっていた。

そのくせ文化文政の華美な政治の余波を受けて、人々は贅沢を知るようになっていた。幕府、諸藩どこもここも経済的な行き詰まりを見せていた。どうにもならなくなっていた。

享保の改革（一七一六）、寛政の改革（一七八九）に続く三回目の「天保の改革」が始まった。もっとも切迫した厳しい状況の中で始まった。水野越前守は一日も早く改革を成功させなければならなかった。失敗は許されない。その水野にとって何よりも必要なのが優秀な人材だった。

水野が「民衆の先生」としての二宮尊徳の名を聞いたのは、そんな時だった。あるいは大久保忠真が老中であった頃、すでに彼の口から尊徳の名前が出ていたかも知れない。尊徳の抜擢は水野の独断で行われた。いかに能力があるとはいえ、農民出身の尊徳を幕臣に取り立てるのは勇気のいることだったに違いない。幕府の財政の逼迫がそれほどでもなければ、あり得なかったことかも知れない。

士農工商という身分制度が確立した中で、農民の尊徳を登用しようという水野も非凡な人物だった。と同時に幕府の財政危機はもう、身分を超えてどんな知恵も借りなければ打開出来ないところに来ていたのだった。

尊徳は御普請役格として採用された。

あの足柄平野の孤児だった金次郎が幕臣となったのだ。五十六歳の時のことだ。尊徳はこれまで自分が蓄えてきたあらゆる知恵と体験を差し出して水野の片腕になりたいと、身も震える思いだったに違いない。

尊徳は生まれて初めての裃を身に着けて江戸城に出勤して行った。官吏としての第一歩だった。初めて江戸城へと歩いて行く尊徳の耳元で、亡き父の声が聞こえていた。「並の百姓で終わるなよ」。理想を掲げて進んできたその一念が今報われるのだ。

天保の改革と呼ばれるものは主に厳しい倹約令で、贅沢品や華美な服装を取り締まり、民衆の楽しみ事である芝居小屋を場末に移転するなど、庶民の暮らしの締め付けとなってしまった。結局、時代感覚と合わず二年後に失敗に終わってしまうのだが、水野は真剣だった。倹約と合わせて治水と開墾に力を入れて増収を図ろうとした。

「利根川治水計画」を作成せよ、というのが尊徳に与えられた最初の仕事だった。利根川周辺の開発については徳川家康が江戸に入った時以来の懸案であった。何回か計画が立てられ、結局誰もそれを成し遂げられなかったのだ。

水野は「印旛沼開拓」を利根川治水の一環と考え、沼の周辺に新田を拓き台地を掘り割って余り水を検見川に落とすことを考えた。開拓によって農地を広げ、江戸市民のための食糧の増産を図ることこそ急務と水野は考えた。

尊徳は水野の理想に同調した。水野の力によって荒廃した関東各地の農村を建て直してみたいと考えた。

現地に足繁く通い、村々をつぶさに見て回った。周辺の村があまりにも貧しく落ち込んでいるのを見た。そして結論を出した。尊徳の考えはこうだった。これは土木工事の技術の問題ではない。人間の統率の問題ではないか。治水に先立ち流域の農村の建て直しをすべきだという、十五年計画の企画書を提出した。

水野にしてみれば功が急がれたので、十五年は待てなかった。尊徳の計画は採用されることはなかった。むしろ水野は尊徳の農村復興の非凡な才能に着目した。当時荒れ果てた天領が沢山あった。水野は尊徳を治水工事に廻すより、天領などの村興しに起用することを考えた。その結果、真岡村の復興が尊徳の仕事として与えられた。

与えられた仕事は天領の中の天領ともいうべき日光地方の農村の建て直しだった。尊徳は裃を着けて江戸城で机に向かうお勤めが自分に向いていないことに気付いていた。それゆえ農村復興の手腕を水野が買ってくれたことがうれしかった。

尊徳が幕臣となる少し前のことだ。尊徳を畏敬し、彼の片腕となって仕事をしてくれる新弟子が二宮家にやって来た。富田久助、のちの高慶である。しかし、彼の入門が許可されるまでには、かなりの時間がかかった。

江戸にいた富田は、ひょんなことから尊徳の噂を聞いて桜町にやって来るのだが、すでに彼の体は疲れ果てていた。

富田は相馬藩士斎藤三太夫嘉隆の次男だったため、五代前に途絶えていた富田姓を興して名乗っていた。父の嘉隆は禄高四十石を食み、相馬藩主三代に仕え忠勤に励んだ人物である。と同時に、我が子の教育にも熱心だった。

久助は同年輩の士族の子供の中でも抜きんでて利発だった。それだけに早熟でもあった。幼い頃から相馬藩の経済疲弊に気付いていた。「何とかしなければならない」と久助は思い悩んでいた。実はこの時代に疲弊していない藩などどこにもないほど、すでに幕府体制はあちこちで破綻をきたしていたのだ。

賢い久助は藩主の子息の勉強相手に選ばれ、長じては若殿の近侍という栄光ある地位を与えられた。だが、久助はその地位を断って単身江戸に出た。江戸で勉強すれば必ず藩を救う方策が見つかる筈だと考えたのだ。天保元年（一八三〇）無一文の久助は江戸で苦学を始めた。矢も盾もたまらない焦燥感につき動かされて、そんな行動に出たのだった。

久助は最初、成島司直の塾に入るつもりでいたが、成島塾は火災に遭って入門出来なくなった。結局、屋代弘賢の塾に入った。久助が志したのは儒学であったのに、屋代は国学史学の専門家であった。不本意ではあったが、仕方なかった。後に官立大学昌平校（東大の前身）に入学することが出来、儒官依田源太左衛門の塾生となった。

こうして相馬を出てから十年が経った。その間、相馬藩の若殿が江戸にやって来たので、久助は再び近侍を命じられた。報禄を与えられるようになったのだ。久助は報禄を学資に当てようとしたのだが、天保の飢饉の折にその虎の子の預金を実家に届けた。また一からやり直しだ。

そんな久助を気にかける者がいた。江戸詰めの家老草野半右衛門である。彼は久助のことが心配でならなかった。「君は何のためにそんなに苦労をしているのかね」と、ある時久助に訊ねた。久助は自分の力で相馬藩を救いたいのだ、と熱っぽく草野に語った。

草野は年長者らしく久助に言った。「君の志は確かに立派だよ。しかし学資もないのに学問を続けること自体、無茶というものだ。たった一人で藩を救うといったって、どんな手立てがあるのかね。学問なんかやめて、養子にでも行った方が早道ではないかね」と。

貧しいが優秀な若者の生きる道として、養子に行くのは常識になっていた。久助自身、いくら学問を深めてもさっぱり道は見えてこない。息苦しいほど思い詰めていた。どこかに逃げ道があるものなら、養子にでも何でも行ってしまいたいと思う時もあった。その上、久助は体があまり丈夫ではなかった。

そんなある時、掛かり付けの医師磯野医院の待合室で不思議な話を聞いた。奥田公民という患者が「二宮尊徳」という人の話をした。農民出身のその男が次々と仕法に成功する話だった。「その人だ。自分が探していたのは」。久助は飛び上がった。

もう一刻も待てない。とるものも取り敢えず久助は江戸の暮らしをたたんで、野州を目指したのだった。こんなところも尊徳に似ている。決断が早い。後には引かない。

息つく間も惜しんで旅立とうとする久助に同行を希望する者があった。京都の医師荒木勝悦だった。久助の話を聞いて興味を抱き、尊徳に会ってみたいと思ったのだった。

天保十年（一八三九）六月朔日

一 下高田村より太助　相馬儒者富田久助殿

伯耆国荒木勝悦殿は医者

四ツ半つれ参候事

と、おふみはその日の日記に記した。尊徳はいきなりの訪問者には会うことをしなかった。一日の来客が百人になることもあったからだろうか。太助という紹介者があったにもかかわらず、尊徳は頑として会わなかった。

この日、二十六歳の富田と十六歳のおふみが初めて出会ったのだった。

それからも富田たちは毎日毎日陣屋に通い、断られ続けた。尊徳はなかなか会ってくれない。毎日玄関で断りを言うおふみも気がもめた。

「荒木様は京のお医者様、富田様は昌平校で学ばれた方だそうです」とおふみは尊徳にとりなしてみたが、かえってまずかった。「医者はまだしも、おれは坊主と学者は嫌いだ。自分は実際家である」と強情を張った。

一回や二回の拒絶は仕方ないとしても、一月にも及ぶ玄関払いは理解出来なかった。久助たちはその頃、円応という僧の話を聞いた。野州烏山領の天性寺の住職円応は領内が疲弊したことを憂い、それを救いたい一心で尊徳の門を叩いた。尊徳は「坊主は好かん。坊さんなら坊さんらしくお経を上げていれば良いだろう」と、会ってもくれない。円応は「お経を読むだけが坊主の務めではない。農民を救うのも仏の道だ」と言い張って、陣屋の前で断食祈願を始めたのだった。袈裟を着たまま円応は門前に座り込んで一歩も動かない。尊徳はついに折れて面会を許し、烏山領復興も成功に至ったという話だった。

「我々も断食して座り込むしかないのかな」「しかし、同じ手を二度は使えまい」とぼやくしかなかった。

だんだん生活費も乏しくなってきた。久助たちは、いつまでも太助の家に居候しているのが辛かった。伯耆国の荒木医師は京都での仕事が決まっていた。時間の許す限り、ぎりぎりまで野州にとどまったが、ついに帰国の日を迎えてしまった。尊徳に会うことなく、荒木は帰って行った。荒木は一生それを悔やんだそうだ。一目でもいい、尊徳に会いたかったと言い続けたという。

一方、長期戦を決め込んだ久助は下高田村で子供たち相手に寺子屋を始めた。太助の助言だった。久助はようやく心落ち着くことが出来た。かつて藩主の子息に学問を教えた時と全く同じ気持ちで、下高田村の子供たちに教えた。相手が子供でも決して手を抜かなかった。この時久助の講義を受けたのが、鶴松と貞助だった。二人の少年は一生を通じて富田久助の弟子であり続けた。

寺子屋の仕事が済むと、久助は下高田村から桜町まで一里の道を通った。が、尊徳は一向に会おうとしない。その都度おふみが応対に出て、気の毒そうに断りを言った。しかし久助は構わなかった。陣屋前にたたずみ、尊徳が門弟に講義する声を聞いた。ある時は外壁にかじりついて尊徳の声に耳を傾けた。

たまには陣屋の外の尊徳を見ることもあった。廻村をしていたのだろう。遠くに尊徳の姿を見るだけで、久助は満足した。次第に尊徳に傾倒していった。歩き方から話し方まで尊徳そっくりになっていた。

最初は相馬藩を救うために尊徳との面会を望んでいたのだが、やがて尊徳の人間性にのめり込んで行った。そんな久助を見るにつけ、おふみは恋に似た感情を抱くようになっていた。おふみも娘としてのあこがれも夢も持つようになっていたのだ。

七月九日

一　金三分三朱銭八十一文　おび代
　　　　　　　ふみ事へとゝのへ遺す

初夏の風が吹き始めていた。現在のお金に直すと五万円ほどの帯をおふみは買って貰ったということだ。それは夏帯だったに違いない。十六歳のおふみは絵の勉強を続けながら、二宮家の事務一切を引き受けていた。二宮株式会社の重要なポストにいたのだった。おふみに対しても報酬を与えるべきだと尊徳は考えていた。この頃からおふみの衣裳代金は頻繁に出費される。

両親は年頃になったおふみにも娘らしい装いをさせてみたかったのだろう。おふみ自身、衣類や布に興味があった。小さい時から江戸の町を見て、目も肥えていた。布に対する愛着は母波子からの影響もあって、小さな切れ端でも美しいものを求めた。

おふみが夏帯を買って貰った頃、小田原に出掛けていた尊徳が戻って来た。天保十一年からの曽比村、竹松村の復興の下調べだった。尊徳は富田がまだ野州にとどまっていることに驚いた。最初に訪ねて来た日からもう二カ月以上が過ぎていたのだ。おふみは「今度こそ会って上げてね」と父に懇願したのかも知れない。それでもまだ、十七日間の待ち時間があった。

八月十七日の午後だった。いつものように訪ねてきた富田に尊徳は突然、面談を許した。二人だけの長い話し合いが続いた。ついにその日の話し合いは深夜まで及び、富田は門弟の川崎孫右衛門の部屋に泊まった。次の日も話は終わらなかった。次の日も次の日も続いて、結局四日間入学試験は続けられた。

「あの時、一体どんな話を父と交わしたのですか」と後におふみは富田に訪ねたことがあった。「あの時先生は私に『まめ』という文字を書いてみよといわれたのです。私は思い切りうまく『豆』と書きました。すると先生は本物の豆を持って来られて、「文字の豆はいくら立派でも食えない。しかし本物の豆は食える。学問と実際はこれほど違うのだと先生は話されました」。それが富田の受けた試験だった。

富田は尊徳に相馬藩の衰退のことを話した。藩の建て直しこそが自分の悲願であると言った。すると尊徳は即答した。「大丈夫だ。私の方法を使いなさい。相馬は復興するよ」と。

「何故、先生はそんなにはっきり断言出来るのですか」と富田は訊ねた。

「ここに梱包した樽がある。その一滴を嘗めてみれば、その中身が酒か醤油かが分かるように、君は相馬藩の一滴だ。小臣の次男である君がそれほど熱心ならば、他は推して知るべし。相馬藩は必ず復興出来る」と尊徳は答えたそうだ。

この四日間は富田久助にとって夢のような幸せな日々だった。と同時に尊徳にとっても超一級の弟子を見つけた幸運な日々であった。

長い間、富田を拒否し続けたのは、彼が身につけた当代最高の学問の故だった。独学の士の尊徳にとって、正式の学問を習得した若者は反発の対象であった。しかし四日間の長きにわたる面接試験は二人の生き方、考え方がぴったりと一致していることを知らせてくれた。

この日、一カ月を経て正式な入門が許され、富田は身の回りの品をまとめて抱えて来た。寺子屋の生徒たちが富田の本などを荷車に乗せてついて来た。今後も暇をみて生徒たちの学問の指導をすることを富田は約束していた。

天保十年九月二十七日　天気今朝大霜厚氷
一　相馬藩中儒者　富田久助　今七ツ時
　谷田貝ヨリ被罷越候事

この日の日記の筆跡はもちろんおふみのものだ。おふみにとってもこの日は待ちに待った日だったのだ。事務的に書かれた日記の行間からはずむような喜びが伝わって来る。この日に限って天気今朝大霜厚氷とごていねいに気候までも記している。

この後、二宮家の日記には富田の名がひんぱんに登場するようになる。二宮の船に門弟として乗り込んで来たこの男が大きな働きをしてくれることをおふみは予感しているかのごとく「富田が」「富田が」と執拗に書き続けた。ちなみに弘化二年、二十二歳の時からおふみ、文子などの署名から奇峰の名を記すようになる。これは雅号で師匠の大岡雲峰から与えられたものだが、取り澄ました奇峰より私はおふみの名を書きたいと思う。

こうして富田高慶が入門した後、弘化二年、斎藤高行、福住正兄が入門した。尊徳の最後の仕事になった日光仕法作成に向けての作業が始まった。これらの高弟たちが後世に尊徳の精神を伝えて行く役割を担っていった。

「字に書いた立派な豆よりも食える豆を求めよ」と弟子に説いたリアリストの尊徳は村おこしの才覚が幕府に買われて真岡代官所に転属されることになった。

「日光御神領村々荒地見分致し起返方仕法附見込之趣委細可申上候」というのが正式な辞令であった。

嘉永元年（一八四八）のことだ。命令は「勘定所手附を免じあらためて真岡代官山内総左衛門手附を命じる」というものであった。住み慣れた桜町陣屋から真岡の代官所へ移転しなければならない。

まず尊徳一人が七月九日、東郷陣屋に移った。家族は桜町に残り、残務整理に精を出した。弥太郎は江戸にいた。桜町の波子とおふみが尊徳の元にやって来たのは九月十七日のことだった。

九月十六日

一　今晩八ツ時ヨリ荷物持運ビ候ニ付、破畑人足八人、馬七疋相雇申候事

九月十七日

一　家内之者今日桜町出宅、駕籠ニテ真岡ニ引移リ、四ツ時無滞東郷へ着、吉良氏同道村田氏並御知行所役人、長百姓共東郷迄送り度趣ニ付候得共、余リ大勢之儀に付　御知行所堺東沼村ニテ暇乞イタシ差戻し申候事

一　二宮御家内衆、大前権現へ参詣被致、夫ヨリ東郷陣屋へ被移候事

二十五年間家族が住んだ桜町を出立する時、その荷物は馬七疋分にもなった。それらは前日、一足先に運び出された。桜町を出る前に波子とおふみの母子は大前権現に参詣した。おふみにとっても大前権現は子供の時から馴染んだ神社であった。立ち去りがたい思いで、いつまでもたたずんでいた。二宮一家を見送る村人たちは、名残を惜しんでどこまでもつ

いて来た。あまり大勢なので波子は「どうぞ、もうここでお帰り下さい」と東沼村のはずれで挨拶をした。見送る者も見送られる者も涙で一杯になっていたことだろう。

東郷陣屋に移った年、尊徳は六十二歳になっていた。波子は四十八歳だった。江戸時代であってみれば、普通の夫婦ならもはや年寄りとして悠々自適の晩年を過ごす頃なのだ。というよりは、平均寿命をとうに過ぎ、それぞれの人生を終わっている年齢だった。それなのに、尊徳夫婦はこの年齢になって、また新しい仕事場で新しい仕事を始めようとしているのだ。

新しい赴任地、真岡の代官山内総左衛門は周囲のことばかり気にかける通俗的な人物だった。水野越前守に信頼されている尊徳に最初はすり寄り、尊徳の志す新田開発にも賛成する態度を示していたが、やがて水野が失脚すると手のひらを返すように変節した。

山内代官の部下たちも、突然侵入してきた尊徳の存在を面白く思わなかった。

尊徳が六十を過ぎて今更のように新しい苦労を引き受けたのは、果たさなくてはならない夢を抱えていたからだった。

# 九

# 花嫁道中

**尊徳の娘ふみ（奇峰）の絵**

13歳で大岡雲峰に入門したふみが16歳の頃描いたという梅の絵。「梅の木は根も梅なれば種も梅　枝も葉も梅　花も実も梅」という尊徳の道歌を不退堂聖純が賛している

（報徳二宮神社、内山美枝氏所蔵）

天保十年九月末、相馬藩の富田久助は二宮門下への入門が許され、桜町陣屋に住み込むようになった。そして早くも十一月には富田は相州小田原に出向いている。それまで二宮家で内弟子として修業していた川崎孫右衛門が大磯に帰るのに同行した。

途中、相馬藩江戸屋敷に立ち寄り、家老草野正辰に面談を申し込んだ。その時、富田は草野の顔を見るなり、尊徳門下に入れた喜びを報告した。尊徳についてくわしくは知らない草野に向かって、富田は咳き込むようにして尊徳の魅力について語った。「そうですよね。川崎さん」「間違いないですよね川崎さん」と、富田は一々川崎の同意を求めるのだった。

とくに富田は悲願である相馬建て直しの本当の先生をみつけたのだ。それが二宮尊徳なのだと繰り返した。「相馬藩は必ず復興すると二宮先生は言われます。ご家老も喜んで下さい。相馬のために喜んで下さい」と言って富田は川崎とともに小田原に立って行った。

草野家老は二宮尊徳に手紙を書いた。

「…今般不思議之事ニテ、富田久助雲水執行中、御膝下ニ随ヒ、兼テ被行候御徳化ヲ、片端モ相同御教諭ニモ預リ候テ、始終ハ在所荒廃之地ヲ相開候処ト仕度、赤心聊御察シ取被下候間、御奉仕先迄被召連…」

つまり、富田が入門させて頂き、相馬藩の復興にお教えを頂けることを感謝している。二宮先生の出張先まで御供させて頂き、ありがたいことだと言っている。

草野はまるで父兄のような口振りで尊徳に礼を述べている。次第に草野も尊徳の信奉者になって行く。相馬国家老の池田図書も草野の熱意に感化され、尊徳を信頼するようになる。その事は後の富田の相馬仕法をやり易くさせた。

草野との対面の後、富田は江戸を立って川崎屋のある大磯宿で一ヵ月滞留した。孫右衛門が桜町で学んだ仕法を実施する様子を見学し、実際の手伝いもした。そうこうするうち、尊徳が小田原仕法の本拠地である箱根塔ノ沢、福住旅館にやって来たので富田もそちらに移った。小田原の曽比、竹松二村の仕法も始まった。この二村の仕法は相馬藩復興の雛形になるのでしっかり見て置けと尊徳から言われていた。規模は違っても、内容は同じ事だというのが尊徳の教えだった。

富田が驚いたのは小田原での尊徳の名声だった。尊徳が逗留している塔ノ沢の福住旅館には連日数十人、多い日には百人もの訪問客があった。富田はそれらの客人の応対や指導などに没頭した。尊徳の体はいくつあっても足りなかった。富田は尊徳の手足となって目覚ましい活躍を見せたのだった。

富田自身もつい数カ月前まで、尊徳に近付こうと桜町陣屋の前でうろついていたのだ。尊徳を慕って藁をもつかむ思いで、全国からやって来る男たちが皆自分の思いと重なり、富田は何とかしてやりたいと思うのだった。

その頃、桜町陣屋を変わった客人が訪ねていた。その人の名は安居院《あぐい》庄七といった。この人は相模国大住郡大山の修験道の家に生まれた。次男であった庄七は曽屋村の穀物商の婿になっていたが、米相場に手を出して失敗した。庄七は尊徳の噂を聞いた。庄七は尊徳ほど有名ならば、低金利で金を貸してくれるかも知れない、いや金をたかれるかも知れないと考えてやって来た。

だが、尊徳に会うことは難しかった。仕方なく庄七は桜町の二宮家の風呂番になった。風呂を焚きながら庄七は間接的に尊徳の教えを受けることになった。「湯加減は如何ですか」と訊ねる庄七に尊徳は人の道を教えた。

尊徳が留守の折には、尊徳の門弟たちから教えを受けた。ぐんぐん、尊徳の考え方に引き付けられて行った。人が変わったように、庄七は猛烈な勉強をすると、大山にもどって行ったが、誰も庄七のいうことに耳を傾けなかった。庄七は家を出て報徳仕法の行脚に出た。庄七が得た尊徳の教えは遠江国（静岡県西部）一帯にひろがって行った。ただの失業者、ただの風呂焚きであった庄七が多くの人々を共鳴させることが出来たのだ。

庄七の蒔いた種はやがて掛川の遠州報徳社となって現在までも続くことになった。ご本尊の尊徳の知らないところで、その教えはひろまり、尊徳の支持者は増えて行った。一度だけ庄七は尊徳に招かれ、報徳社の成功をねぎらわれたことがあった。著書などを贈られ、庄七は感動で声も出なかったという。その時から安居院庄七は後世、門弟の一人に数えられるようになった。

しかし、天保十年の段階では富田が大汗をかきながら、客人の世話を焼いていた。そんな矢先だった。富田の持病が首をもたげてしまった。竹松村の医師大内玄周の元で寝込んでしまった。富田は無念だった。歯ぎしりするほどくやしかった。折角門弟にして貰ったというのに役に立たない。

正月が来ても病は癒えない。富田の持病は胃、眼、耳、歯、痔、脚気、神経麻痺、湿疹など数え切れない。「体力弱く、意志強し」とは富田のことだった。気短かな尊徳は富田の病が気に入らない。「そんな病いがちでは仕事にならん。国に帰って療養したら良いだろう」と冷たい事を言う。富田が有能であればあるほど、病弱なのが残念でならないのだ。尊徳自身は生まれつき頑強な体の持主で、病知らずだった。

「死生は命であります。帰国して死にましたならば、世の笑いを招き誠意は絶えてしまいます。もし研修の道にたおれるのでありましたならば、故郷の幾多の志士が継いで起つに相違ございません」

富田は尊徳にすがった。

尊徳は富田に浦賀の名医を紹介して一ヵ月の休息を与えた。正月一杯を闘病に費やして、富田は体を建てなおした。

江戸家老の草間はそんな富田が心配でならない。又尊徳に手紙を書いた。

「富田事夏以来病気致し、帰宅が遅れましてまことに相済みません。何とぞ朝夕召し使われ、炊事の合間にご高教頂きとう存じます」

もう一人、富田の病気を心配する者がいた。おふみである。その頃のおふみは父と兄の補佐役をこなしていた。有能な秘書であり、事務長でもあった。言ってみれば二宮総合研究所の一員として重要な一翼を担っていた。とくに江戸の弥太郎との書簡のやり取りが残されていて、離れて住む両親を互いに思いやる言葉が残されている。

おふみはすでに十六、七歳になっていた。同年配の娘たちは嫁いで次々と子をなしていた。生活の波に荒れて老けて行った。おふみ一人が美しいまま、日々の仕事に忙殺されていた。

おふみが十九歳の時、父尊徳が幕吏となってからはおふみにもそれ相応の給料が支払われるようになっていた。それなりに責任も加わっていた。兄弥太郎は江戸支店長、おふみは野州支店長だった。

おふみはその頃、やたらと布地を買い求めている。

天保十一年（一八四〇）

四月四日

一　白木綿一反　　　　ふみ

代金一貫七百四十八文、是は和田五郎右衛門より亥十二月十八日買入候分ひとへに

致す
五月三日
一　金二朱銭百文　　染め賃　木綿一反
五月二十九日
一　一貫四百七十弐文　白木綿一反
六月二十五日
一　金一分　　　　　ひとへ染めちん
　　　　　　　　　　弥太郎、ふみ分
十月十六日
一　銭三十九文　　　お賽銭
　　是は観音寺へ参詣　歌（波子変名）ふみ、すみ、きく四名
十二月十二日
一　金二分二朱銭五十文　結城島一反　ふみ一　金一朱黒こ白二尺七寸
一　金五百六十四文　　是は弥太郎、ふみ

十二月十九日

一　金二朱　　　　　　　かんざし一本　ふみ

江戸の弥太郎への書状にこんなものがある。二十二歳のおふみの手紙だ。

「此白木綿、ちぢみ、私ひとえにいたしたく候当世はやりの模様におたのみ致したく候」

便りとともに白生地が包まれていたのだろう。二宮家の門弟や使用人は年中、江戸と野州を行き来していた。ふみは続けてこう書いている。「此地にては形悪しく、余儀なく御頼み申し上げます。お忙しいのにすみません」

おふみは何かの気持ちを紛らせるかのように、美しい布地を買いもとめるようになっていた。暇をみつけては、絵画や機織りに打ち込んだ。二宮家の家計簿はおふみの布狂いの後を残している。何故こうまでおふみは布に執着したのだろうか。

出会いの最初から心引かれていた富田は小田原仕法を皮切りに、尊徳の仕法の手助けにほんろうされて、入門からもう六年の歳月が過ぎていた。富田は相馬藩復興が第一の目標であった。おふみの気持ちに気付いたとしてもどうすることも出来なかった。

弘化二年（一八四五）十一月六日、富田はようやく相馬藩建て直しに取り掛かる。尊徳の許しを得て、江戸を立って桜町に一旦立ち寄り相馬領に向かうことになった。

富田はこの日をどんなに待ち望んだことだろう。十七歳で相馬藩建て直しの悲願を抱いて江戸に出て、三十二歳のこの時、復興仕法の秘策を尊徳から授かり、それを実施するべく故郷に向かおうとしていた。

この時までに富田は復興のタネとなる基金三百五十両（千四百万円）を手にしていた。それだけの基金を富田は入門以来の七年間でためた。

家老草野が世にも珍しい「修業扶持」という給料を支給してくれた。富田の将来性に資金を投じたのだ。それが八両、その他節約で十二両、藩主からの仕法金百両、尊徳から二百両。門弟仲間からの寄付金を加えて三百五十両になった。

十一月五日
一 富田久助（高慶）夜ニ入相馬屋敷罷候儀、坪田、成田両村趣法出来ニ付、草野氏懸御目旁同人差遣五ツ時罷越候
十一月六日

一　草野半右衛門今朝罷出候儀、長々久助御世話相成、並書帳面出来被下、右御旁罷出、暫相咄罷リ申候

一　富田久助明七日高野氏両人国元へ出立致シ、道中路用拝借相願候ニ付、別紙之通リ品相渡、尤宿元へ書面一封相渡、富田氏儀モ相馬屋敷へ明朝出立仕度、今夜四ツ時暇致シ出立、

覚

一　金三両也

右富田久助相馬道中路用金ニ相渡

覚

一　金百七十五両

是者相馬領成田、坪田両村へ仕法引移シ手始トシテ、二百両相渡申候、富田、高野両人野州立寄候間、桜町宿元ヨリ二十五両受取候様、二百両之内二十五両旁元へ相残シ全正金七十五両相渡

一　金二十五両也

是者野州表ヨリ受取候様申遣、都合二百両相成申候
〆金二百両也
十一月十三日
一　富田久助殿今朝帰国致シ候事
　桜町陣屋出立

この日記によれば、富田は江戸の二宮屋敷を十一月六日に出て、千住で一泊して七日に桜町に着いている。それから六日目、富田は相馬に旅立ったことになる。おふみにとって久しぶりの富田との日々であり、心はずむものであったろう。しかし、まもなく富田は大事業を始めるのだ。一つの藩を建て直すことは並大抵の事業ではない。いつまでかかるか分からない。当人はようやく果たせる大事業に喜び勇んで、体中に闘志をみなぎらせて、旅立って行った。

おふみは一人残された。まっしぐらに男は自分の目標に向かって進んで行った。富田は「待っていてくれ」とか「必ず一緒になろう」などという約束の片鱗も残しては行かなかった。

十一月十九日

一　金一分二朱　　　　　　ふみ分しま一反

安い着物地だが、一反買った。まるで自分の悲しみを慰めるかのようにその縞模様の布地を手に入れた。

弘化二年五月二十日

一　銭七百五十文　　御納戸縮緬三尺

おふみの家計簿に初めて縮緬《ちりめん》という文字が現われた。縮緬は中国からの輸入品で献上品として届けられる類の布地であった。豊臣秀吉の時代にやっと日本でも作れるようになった布地だった。長浜、丹後、岐阜、桐生などが縮緬の生産地になったが、庶民の手には届かない。

おふみは江戸で三尺の縮緬地を買った。三尺では兵児帯にしかならない。美しい布地を持っているだけで気持ちがはずんだ。

その頃から、おふみの身辺には縁談が盛んに起こっていたことが当時の書簡などから分かる。

「二宮先生は偉い方だが、自分の娘が嫁に行き遅れているのに平然としているとは何たることか。何とかしなければならない」と、尊徳の友人、知人、門弟が話を持って来るようになった。持ち込まれる縁談はどれも立派なもので申し分のないものだった。

しかしおふみはそれらを端から断っている。その時、おふみは兄への手紙にこう書いている。

弘化二年十一月四日

青木飛脚へ差出候分但安事被出頭候

という手紙もおふみから弥太郎に宛てたものだ。

「たとへ、私事等、何ケ年御捨置かれ、高年およひ候ても、何ぞいとうべき事なく、少しも其の辺御あんじなき様、おっしゃって下さい」

気に染まぬ結婚をするくらいなら、女中奉公して、年取っても良いというのだ。縁談が持ち込まれる度に、自分の気持が固まり、富田への気持ちが並々ならぬものであると気づいて行った。

おふみは絵の勉強と書道に精進し、心慰みに真岡の町で布地を求めたりした。絵が完成すると、江戸の父や兄に見てもらうべく、荷の中にひそめたりもした。「寅の絵、ご覧下さいませ」などというおふみの文が残っているが肝心の寅の絵は現存しない。その頃、江戸の火事は毎年のように起こり、二宮事務所も貴重な書類を消失するなどの難儀に遭っている。弘化二年一月の大火は青山から出火して麻布、芝へと燃えひろがり、田町五丁目にあった二宮事務所は二十二人の門弟が書類を抱えて海岸に避難したと記録される。火事は弘化三年正月にも江戸に起こったが、この際は難をまぬがれている。

大火のあと、「父上様のももひきが無くなってお困りでしょう」とおふみは娘らしい細やかさで江戸への荷物にももひきを収めている。寅の絵なども何回かの災難で失われたのだろう。現存するおふみの絵は「梅花」と題する絵が二幅と画帳一冊が残されていて、どちらも神奈川県の重要文化財となっている。

その頃のことだ。おふみから弥太郎に向けて長い手紙が寄せられた。その後の方にこんな文章がある。

弘化三年六月

一、異国船参り、殊之外さわがしく由委敷被仰下、承知仕候、此程引退候や

一、御大小早速拭き置可申候、余り捨置殊之外さび候に付、私共はいかが致しよろしきや存も不致に彼此いたし候ても、却て悪しくと存じ、昨年夏尾口氏へ頼、ふきもらひ置候、父上様分殊之外さび申、ただ捨置候得ば段々さび深く相成、よろしからずよし御座候

この年、弘化三年（一八四六）、神奈川の浦賀にアメリカ使節ビッドルが来航した。おふみはその報せを聞いて、父と兄の大小の刀を戸棚から出して見た。みごとにさびついていた。二十一年前の文政八年、幕府は異国船打払令（無二念打払令）が出され、清、オランダ以外の外国船はすべて撃退することを命じた。アメリカの商船モリソン号が天保八年（一

八三七）に撃退された。
江戸の人々は度々押し寄せる異国船に肝を冷やした。おふみがあわてて父や兄の刀を取り出したのも平均的な行動であったと思われる。しかし、刀を研いで、異国船にどう立ち向かうつもりだったのだろう。おふみの関心はすぐに布地の方に戻って行った。

弘化三年十二月二日
一　金二朱七百四十六文　鼠縮緬形付五尺
　　　　　　　　　　　　ふみ分

今度は五尺の縮緬を買った。まだ着物にはならない。おふみのあこがれは一反分の縮緬を買って着物に仕立てて、嫁ぐことだった。そして二年経つとおふみは二十四歳になった。周囲の心配は一層深刻になった。

弘化四年三月十九日
おふみから弥太郎へ宛てた手紙はいつもながら事務的な内容だったがおしまいの方にこ

んな文章があった。

「これまで、父上様の御徳のおかげで何一つ不自由と申す事なく過ごして参りました。色々ご心配して頂きますが、身に染まぬなどとわがままを申しております」

つまり、父たちの勧める縁談を自分のわがままで断ってしまった事を申し訳ないと謝りながら、だからと言って運命に流されて、適当に自分を処してしまおうとは考えない。

「私をこのままにしておいて下さい。皆様のお手伝いをしているのが好きなのです」

どうやら、この時も縁談があったようだ。父尊徳の心配も本格的になっていたことが分かる。それでもガンとしておふみは縁談に耳を傾けようとはしなかった。美しい布地に心慰めながら、おふみはじっと待った。富田の相馬仕法が首尾良く完成する日をただじっと待っていた。

相馬仕法は尊徳の指導の下に行なわれたが、六十歳になった尊徳は一歩も相馬には足を踏み入れなかった。五十日をかけて尊徳が練り上げた原案を富田は忠実に守って、進めた。それは一村式というもので、決して手を拡げず、最も困窮している村を選び、まずその一村を立ち直らせる。その方法はかつて尊徳が実践した廻村、善行者表彰が主なものだった。

この時、富田はどこからどこまで尊徳そのままだった。

尊徳は尊徳でこの時、一つの実験をしていた。やがて自分の生涯が終わってしまった時、自分がいなくても仕法が成り立つかどうかを試していたのだった。七年をかけて育て上げた弟子の富田がどこまでやれるかを尊徳はじっと見守っていたのだった。

二年の歳月が過ぎた。富田は仕法の成功を見定めてから、その報告を江戸と野州に伝えるために旅立った。二宮一家はすでに東郷陣屋に引っ越していた。

嘉永二年正月三日

おふみの弥太郎への手紙

一、富田サマヨリ委細仰下候事ども、父上様誠ニ無限御感心御歓ニテ、仰之趣別書ニ申上候、是又御承引御申上被下候事ト存ジ上候

相馬仕法を軌道に乗せた富田が子細な報告をするのを尊徳はひどく感心して聞いた。それがおふみを喜ばせた。もうこの頃になると二人の結婚は周囲の認める所となり、二人が結ばれるのも時間の問題だと誰の目にも映っていた。しかし再び話は膠着してしまった。

相変わらず富田は江戸、野州、相馬を行ったり来たりして、その年も暮れようとしてい

た。

嘉永二年の大晦日、おふみは日記にこう書いた。

一、御両親様並ニ富田久助様、伊藤発身様、斎藤久女之助様、吉良八郎様、其下下女下男とも一同打揃迎春之事、右歳暮無滞相済、穏ナル除夜、目出度筆ヲ止ム

二十六歳のおふみは、いかにも満足そうだ。家族同然といった感じの富田久助とともに、年を越すことが出来る喜びをおふみはかみしめていた。彼の相馬での成功がおふみには何よりうれしかった。父尊徳も喜んでいる。おふみは同志として、父や兄や富田と同じ船に乗っているのだと実感していた。それがうれしい。

富田は自らの目標を達成出来た上に、江戸詰めの相馬藩主に拝謁を果たし、鄭重な言葉で労をねぎらわれたのだった。藩主は富田を郡代次席に列せられ、百五十石を給するとのお言葉を下さった。富田は藩主のねぎらいには感謝したが石高の方は辞退した。富田が返上した恩禄の方は仕法の土台金に廻される事になった。富田家の生計は荒地を耕作して賄われていた。これは尊徳の意見で富田家自体の収入の道を確保させた。放って置けば富田

は自分の生活など顧みないのだ。

十三年にわたった富田とおふみの長すぎた春もようやく終わろうとしていた。助け船を出したのは相馬藩主だった。二人の噂を聞いて藩主は国家老の池田図書に命じた。「何とか致せ」と命じられて具体策が練られた。これは家老にとって難問だった。

久助三十九歳、おふみ二十九歳の二人の婚約がようやく成立し、結納の交換が行なわれたのは嘉永五年一月十八日のことだった。当人たちの喜びはむろんのこと、彼らを見守っていた人々もホッと胸をなでおろしたのだった。二宮家ではこの同じ年、おふみの兄弥太郎も江州高島藩の家臣三宅頼母の娘欽子との結婚が決まった。弥太郎も三十二歳になっていた。

もう一つこの年、二宮家に良い事があった。小田原藩から追放されていた尊徳が許され、墓参も出来るようになった。二宮家の抱えていたあらゆる問題が一気に解決された年だった。

おふみが念願かなって相馬藩の富田の元に嫁いだのは嘉永五年八月の暑い盛りだった。その晴れやかな喜びの日がやって来る一年前のことだ。おふみは兄の肝入りで江戸見物に向かった。富田との結婚話もまだ本決まりにはなっていなかった。

兄弥太郎はおふみが可哀相でならなかった。おふみが自身の幸せを顧みず、父尊徳の仕法の手助けに力を尽くすのがいじらしくてならなかった。父も思いは同じだった。せめて江戸見物でもさせたいと二人は考えた。

弥太郎はおふみの将来については誰よりも気をもんだ。父尊徳とも話しあいながらおふみに相応しい人物を幾人か上げてみたのだけれど、おふみは片端から断って来た。「一体あいつは何を考えているのだ」と兄は呆れ果ててしまった。頑として縁談を受け付けない妹の本心が見えて来たのはそれから間もなくのことだった。

「父上、ふみにはもう自分で決めた人がいるんですよ。我々にはどうすることも出来ませんよ」。弥太郎は匙を投げるしかなかった。尊徳はおふみの意中の人が富田だと聞かされて、富田の相馬復興の大事業を知るだけに「それは大変なことだ。いつになるか分からんぞ」と頭を抱えたのだった。

二宮家という一つの船に四人で乗って、尊徳の大きな夢を共に育てて来たが、息子や娘には新しい家庭を持たせなくてはならない年ごろになっていた。この船に乗る四人は家族というよりは同志といった方がぴったりだった。母波子も娘の気持ちはとうに分かっていた。分かっていながらどうしてやることも出来ない。母も又、苦悩していた。

富田の相馬復興成功の報せは二宮家の人々に同じ喜びをもたらしたのだった。結婚話の気配も見えだしていた。弥太郎はそんなおふみに江戸見物をさせたいと思った。おふみが若い娘らしいあこがれから江戸で流行る布地について手紙であれこれ質問して来るのに辟易していた。「いっそのこと、自分の目で見たらどうだろう」弥太郎は言った。

嘉永四年四月十六日

一、金三両銭五百文　　おふみ

是者道中路用並用意金共

一、金六両

是者江戸表ニテ前々整物代金凡見積リ、為持差遣候分

〆金九両銭五百文

是者真岡山内総左衛門殿御家内、奥方初御娘子御三人、其外山崎良之助娘等、今朝同

所出立、江戸表へ引越、幸ヒ妹（ふみ）未ダ江戸表見物不仕、依之右供相願供民次郎召連差出、道中路用、並整物代共、為持差遣申候事

これは弥太郎の書いた日記だ。真岡の代官山内氏の奥さんが娘さん方を連れて江戸に引っ越しするのにおふみを同道させることにしたと書いている。おふみは七歳の時、小田原に帰省する母や兄とともに江戸に滞在した時と、天保四年に江戸の松屋平兵衛宅に母が静養の為に身をよせた折、同行した時以来江戸に出ることはなかった。
今度の江戸滞在は七月十三日までの三ヵ月に及んだ。山内一家の引っ越し先に逗留した。あまりにも長い滞在になったので、その間、父尊徳は山内氏に書簡を送った。

六月四日
　尊徳から山内源七郎宛て
娘儀長々逗留、段々難有仕合奉存候、右礼家族一同厚宜申上候

この時、おふみが江戸で買い物をしたものは次のようなものだ。

一　銭百十八文　　　　　　下駄尾　三足
一　同六十文　　　　　　　同切尾　一足
一　同四十二文　　　　　　白絹糸
一　同十六文　　　　　　　蝋燭　一本
一　同二百四十八文　　　　おふみ調薬十服
一　同百七十文　　　　　　麻縞切一尺三寸
一　同五百十八文　　　　　御納戸縮緬三ツ割　五尺三寸
一　同百文　　　　　　　　ちくさ絹糸
　　　　　　　　　　　　　十一繰糸

おふみは以前から欲しかった御納戸縮緬《おなんどちりめん》を五尺三寸求めた。六年前よりも御納戸縮緬は安くなっていた。日本での生産が活発になったのだろう。

一方、江戸の知人たちは真岡への土産品として、おふみが家に戻ってから次の品々を届けてくれた。

雪白砂糖　一折　うちわ三本　総左衛門
砂糖漬一折　箱入茶半斤　うちわ三本
山本山一斤　菓子一折、うちわ三本　原
細工物並白粉一箱、別段駕篭借用之礼男帯
山本山一斤、うちわ三本　　　竹内
唐まんじゅう一箱、白砂糖一折
うちわ三本　　　　　　　　　山崎
びんつけ　三、　うちわ扇子五　阿部

江戸末期の庶民の土産品がどんなものだったか、良く分かる。砂糖や砂糖漬などが嗜好品として出回り始めていたことも分かる。うちわは全部で二十本以上になる。そんなにうちわばかり貰ってどうするのだろう。近所の人に上げれば喜ばれたのだろう。

江戸から帰って暫らくすると、おふみの縁談は本格化したのだろうか。正式な結納は年が明けてからの事だが、十一月に嫁入り支度の基金として約十六両（八十万円）の金が用意された。買い物は宇都宮の佐野屋で衣類一切がとり揃えられた。

十一月八日
一　金一分銭二百文　宇都宮宿おひさへ
是者右同人方へ今般おふみ衣類相整申度同人方へ罷越候テ品々買方申談度罷越候間、世話ニ相成申候ニ付、みやげとして整申候

十一月十一日
一　銀七匁二分　四匁五分　非縮緬
一丈六尺（羽織用）
一　同二十匁八分　六匁五分　同山舞
一尺二分
一　同三十二匁　御召縮緬紋織
一丈五寸（羽織用）
一　同五匁七分　非かのこ半えり

一　九匁六分　　尺六匁　紫紋かけ織縮緬

一　四匁八分　　尺三匁　相川中形縮緬

一　同四匁五分　一匁五分黒朱子　三尺

一　同百六十匁　紺本博多広巾帯

一　同六十二匁　御召縮緬立縞　一反

一　同七十五匁　同紋織　一反

一　同七十五匁　本紅　一疋

一　同四十一匁　同一反

一　同七十匁　　花色絹一疋（反物二反）

一　同三十八匁四分　尺三匁　同無地
　　　　　　　　一丈二尺八寸

一　四十三匁四分　二匁四分八厘　御召縮緬　一丈七尺五寸

一　銀八十七匁　　三匁七分五厘紺中形縮緬　二丈三尺二寸

一　銀三十五匁五分五厘　めいせん縞

一丈七尺（羽織）

一　同四十五匁　　三匁板〆縮緬一丈五尺

一　同十匁四分五厘　九分五厘　白紋羽

一　三匁六文　　　　同茶形半えり

一　同六十六匁　　　御召縮緬　一反

一　二十三匁五分　　桃色縮緬　一丈一尺

一　〆銀九百八十六匁九分

一　為金十六両一分二朱銭四百五十二文

これだけの衣類を買い整える為に「九日駕篭にて宇都宮日野屋栄助方へ罷越し、十一日に帰宅した」と日記にはある。ここに来て、おふみは縮緬地を着物二着と縮緬の羽織八着分を手に入れた。

幕臣の娘の結婚であることを思えば、当たり前の嫁入り支度であったが、目を見張るほどの豪華絢爛さである。この他にも夜具や男物の衣類などの発注があった。おふみは長年、夢に見ていた縮緬の衣類がこれほど揃えられることに胸をときめかせていたことだろう。二十九歳まで一家の一翼を担って働いて来たのだ。「それぐらいお前、当然のことだよ」とおふみの両親は言ったことだろう。しかし、後にこの縮緬がとんでもない波紋を引き起こしてしまう。

明けて嘉永五年となった。

正月十八日、東郷で富田からおふみに結納の品を進上した。三月、尊徳は出張先から帰宅した。長男の挙式の為の帰国だった。

四月二十九日、弥太郎は近江国大溝藩主分部若狭守の家臣三宅頼母《たのも》の娘、三宅欽子と祝言を挙げた。続いておふみたちの番になる。七月に富田がまず相馬にもどって行った。準備万端が整った。

八月十八日は良く晴れ上がった。一番先に二駄の荷物が相馬を目指して行った。翌日も晴れた。母とはもう話し尽くしていた。おふみの幸せを確信している母は笑顔で送り出した。その時、四月に嫁いで来た兄嫁の欽子は控えめに言ったという。

「おふみ様にはとても及びませんが、これからは私が父上様、母上様のお世話をさせて頂きます」。欽子の口調はしっかりしていた。その時、欽子は十七歳になったばかりだったが、おふみに似て、理の勝った女性だった。

嫁ぎ行くおふみを下館まで兄弥太郎や斎藤久米之助など父の門人や信奉者たち十三人が見送った。下館には結婚の仲介をしてくれた衣笠兵太夫が待っていた。そこから本格的な花嫁道中が始まった。

鑓持ち一人、ぞうり取り一人、若党一人、下女梅、万兵衛を伴にしての行列となった。それは実に物々しい行列だった。尊徳の今の地位に見合ったものだと人はいうが、どうもおふみには気恥ずかしくてならない。とくに下女というものはどう扱っていいのか分からない。子供の時から人の手を借りずに何でも自分でやるように躾けられて来たのだ。梅とは友達のような関係になって、何かと助け合うことになる。

梅は物井村の清次郎の娘で、この時二十四歳だった。両親とは涙で別れて、おふみの伴をして相馬に向かうのだった。行列はまず水戸に下り、城下で一泊。今度は北に進路を取って奥州に向かった。四日目にようやく湯本駅本陣に到着した。ここには久太郎左衛門という衣笠の知人がいた。この人の家に泊まった夜のことだ。夜半に大風雨となって川止めに遭い、道中は一日遅れて二十六日に相馬中村城下に到着した。八日目のことだ。

城下に入ると仲人役の杉浦久右衛門が迎えに出た。それからはもう大変な歓迎責めだった。富田の手掛けた相馬は生まれ変わって、豊かな土地となっていた。その富田が事あるごとに「二宮先生」の名を連発した、その先生のお嬢さんが富田のお嫁さんになってやって来たのだ。歓迎しないでどうする。

それにしても、相馬とは何と遠いことか。富田はこの相馬と野州を一体何回往復したことだろう。あらためて、富田の苦労をおふみは思っていた。

翌日の結婚式と披露目を無事に終わると、衣笠は名所の松川浦を見物して野州にもどって行った。尊徳に対して花嫁道中の事細かな報告書を差し出した。尊徳は娘の婚礼時にも相馬には来なかった。ついに一歩も足を踏み入れず見事に自身の仕法を成功させた土地、相馬に一番大事な娘を嫁がせたのだった。

富田とおふみに用意された新居は城に近く宇田川に面した座敷八畳二間と玄関、内玄関、床の間までついていた。富田はこの家を仕法役所として官舎として借用した。

三十九歳の夫と二十九歳の妻は遅れ馳せの幸せをつかもうと、この時やっと新婚生活を始めたのだった。何もかもが順調であった。年が明けてすぐにおふみは懐妊した。その報せはすぐに尊徳の元にも伝えられた。尊徳夫妻の喜びは大変なものだった筈だ。

しかし、おふみの体調は異常に悪かった。ただのツワリとは思えない苦しみ方だった。ちょうど富田は尊徳の仕事で出府する折だった。二月二十七日、富田はおふみを伴い野州に向かうことにした。東郷には優秀な医者もいる。何よりも親元で出産するのが一番良いだろう。それが富田の考えだった。

相馬から野州に向かう頃、おふみの容体はひどく悪くなっていた。もう歩くことも出来ず、一挺の駕篭が用意され、梅に励まされながら長い道程を耐えた。「六月になれば、母になれる。富田の子供を生めるのだ」と繰り返し思っていた。

実家にたどりつくとおふみは眠り込んだ。富田はそんなおふみに心を残しながら、江戸に立って行った。尊徳は娘の容体も気にかかりながら自身の体調も良くなかったことから、やらなければならない仕法のことで焦っていた。片腕となる富田の出府が待たれていた。江戸に到着した富田を追いかけるように、一通のおふみの手紙が届けられた。みごとな筆跡のおふみの手紙は大部分が尊徳の体調を案ずる言葉でしめられている。

最後に、旦那様と宛名書きして、「文より」と記した一文がある。富田の体を案じ、お早くお帰りくださいと書いている。そのもっと後で、こんな事を言っている。

「その後も私こと何も別事なく、子供も勢気よろしくほどなく出生と御案じ下さるまじく候」

六月五日、妊娠中毒症をおこして、最悪の病状の中で女の子を出産したが死産であった。それから一ヵ月後、赤ちゃんの後を追うようにおふみもあの世に旅立ってしまった。七月七日だった。江戸から呼び戻された夫久助が見取ったことがわずかな慰めだった。たった三十歳の生涯だった。

美しい筆跡の長い手紙が最後のものとなった。「旦那様　文より」の一行に万感の思いを込めたのだった。

幼少の頃からあれほどおふみを慈しんだ尊徳は臨終の席にいなかった。早飛脚はふみの死去を報せるべく日光にいる尊徳の元を目指したが、尊徳は動かなかった。尊徳も持ち時間がわずかだった。「おふみ、お前なら分かるだろう。父は今、日光仕法の基礎だけでもやって行かなくてはならないんだ。お前と同じ墓に入るよ。そっちでゆっくり会おうよ」。尊徳は娘の弔いにも帰らなかった。

おふみは桜町の蓮城院に埋葬された。混沌とする意識の下で「私を焼かないで」と繰り返し火葬を拒んだおふみは焼かれることはなかった。死体となって生まれた我が子とともにおふみは土となった。

一方、四年後に今市で逝去した尊徳は今市の土となり、おふみの傍に葬られることはなかった。

ちなみに明治四年に六十七歳で病没する波子夫人は相馬の地に眠る。子息弥太郎も同じ年に相馬で没した。あれほどに仲が良く、一つの目的のために力を尽くした家族はバラバラの地で埋葬された。

しかし尊徳に言わせれば「人間は生きている間にこそ精一杯の仕事をするべきで、遺体がどこにどう埋められようとそんなことはどうでもいいんだよ」ということになるだろうか。精神的な結びつきは現世を越えたところにあることを誰よりも確信していたのが尊徳であったかも知れない。

最愛の新妻と赤子をいっぺんに失った富田久助はおふみの黒髪を貰って帰り、相馬の土に埋めた。晴れやかな花嫁道中がたどった道を富田は黒髪を抱いてもどった。長い間願った思いがようやく適い、新生活を始めたばかりだったのにあわただしく昇天してしまった妻の無念さをかみしめて、富田は相馬の蒼竜寺に黒髪を収めた。おふみの慰霊墓は海に向かって建てられていた。潮風を受けながらおふみは何を思っているのだろうか。

# 十

# 尊徳の死

**今市の墓**

安政２年（1865）尊徳は70歳で没し、栃木県今市の如来寺に葬られた。「わしが死んだら墓石などはいらない。松の一本も植えてくれ」と遺言したが、守られることはなかった　（報徳博物館提供）

「並みの百姓で終わるなよ」と尊徳の耳元でささやく声が又聞こえた。一人娘の死に際にも尊徳は仕事場を動かなかった。尊徳には果たさなければならない大事業があった。農民の尊徳が水野によって抜擢され、幕府の官吏にまで出世するが、まもなく水野は改革の失敗によって失脚してしまう。

小田原藩からは追放され、水野に去られ、尊徳には針のむしろのような数年が続いた。老境に入ってからの多難な歳月も彼はしっかりと引き受けた。

時代はどこまでも尊徳を必要としていた。

嘉永六年（一八五三）二月のことだ。尊徳に日光復興の正式命令が下りた。これこそ尊徳の生涯最後の仕事と自ら願っていたものだった。すでに弘化元年（一八四四）四月に尊徳は日光の実地調査を二年三ヵ月した上で、『日光神領復興見込書』を完成させて、幕府に提出した。日光は家康の遺骸が静岡の久能山から改葬されて以来、歴代の将軍の信仰を集め、二万五千石の石高を持つ神領と呼ばれる土地であった。その日光もご多分に漏れず、荒廃していた。「何とかしなければ」という思いは幕府にももちろんあった。

その後も尊徳は自ら日光に何回も足を運び、周辺の四十九カ村の復興の雛型を完成させていた。幕府の命令さえ出れば、尊徳はすぐにも実践に取り掛かれるのだった。しかし、その命令がなかなか下りない。尊徳はジリジリと待った。嘉永五年（一八五二）、ついに尊徳は『日光神領の荒散起返し難村旧復』の嘆願書を幕府に提出した。

それが受理されたのが、嘉永六年のことになる。どんなにこの日を待ったことか。

幕府の財政は逼迫しきっていた上に度重なる異国船の来航で混乱の極みとなっていた。この年アメリカのペリーの来航を迎え、上を下への大騒ぎだった。日光どころではなかった。第一資金がない。

しかし、尊徳の嘆願書によって、尊徳が自身の資金で仕法をやるということが分かると、幕府はあっさり実行を認めて来たのだった。尊徳は嘆願書にこう書いた。

「一切御出方にも相拘り申さず」

つまり、幕府の出費は一切要りませんと言っているのだ。尊徳の目算はこうだった。小田原の報徳金が三千両、未回収の報徳金八千三百五十両と合わせて一万一千両余（約五億円）をこの日光仕法に使うことが出来る。この金は尊徳が「積小為大」の精神で生涯をかけて積み上げたすべてであった。この時、尊徳は幕臣二十俵二人扶持として、年間五十両と門人四人に各八両を給するだけだった。長い積み重ねによる貯えがなければこれだけの基金は用意出来ない。

念願の日光仕法の許可が下りた時、尊徳は六十七歳になっていた。生まれついての頑強な尊徳がその年の春、発病してかなりの重体になっていた。尊徳は日光仕法に着手出来る喜びで勇み立って真岡から日光に向かって行った。

けれど尊徳はもう歩くことも難しかった。門弟は尊徳のために駕篭を用意したが、彼はそれを断ったと伝えられている。「駕篭に乗っていて、土のことが分かるか」と尊徳は怒ったそうだ。

折しも真夏の太陽が大地を照りつけていた。暑い日だった。尊徳は黄水を吐きながら、日光に向かって行ったのだった。「先生、そんな無理をされたら、死んでしまいますよ」。門弟は心配したが、彼は譲らなかった。日光神領を目指し、自分の最後の目標に向かって歩いた。

体力の続くギリギリの所まで廻村を続けた。杖にすがりながら必死の形相で、村々を歩き廻った。その挙げ句、ついに病床に臥す日々となった。

尊徳の病状が東郷陣屋に伝えられ、波子が呼び寄せられた。安政二年（一八五五）、日光に近い今市に日光御神領仕法役所が完成して、そこが二宮家の住まいとなった。

安政二年四月
二宮家御一同、東郷陣屋より今市の報徳役所の建築費は相馬藩から献金五百両の中から支出された。なお役所内の長屋、板倉、書庫（現存）等は少し遅れて完成した。（相馬藩からは献金年五百両ずつ、十年間の上納ある）
四月二十三日晴れ
一、明日東郷引払、今市宿へ引越候に付、今日荷物（十三駄、個数で四十二個）差立候事。

もうその頃は尊徳は寝床の中から仕法の指図をした。富田久助や息子弥太郎が中心になって、尊徳の描いた青写真のままに復興は着々と進んで行った。彼らは尊徳とまったく同じ仕事が出来るようになっていた。尊徳は門弟たちの指導が実にうまかった。

その頃、病床の尊徳の心を慰めるものがあった。弥太郎と欽子夫婦に子供が出来ていたのだ。初孫の金之丞（尊親）だ。おふみとその子が不幸な死に方をしてしまった後なので、金之丞の誕生は尊徳を殊の外喜ばせていた。自身の後継者が出来たことは尊徳の心を限りなく慰めた。

又、嫁の鈫子は「おふみ様には及びませんが」と言っては尊徳の話し相手になったり、書物を読んで聞かせたりしてくれた。

そんな折だったろうか、「或る日、御酒を召し上がりながらのお話には」と鈫子は晩年の尊徳が語った事をのちに書いている。

「焼木杭（焼けぼっくい）も三年保つのたとへあり。余り大火をたきし跡なれば、子や孫の代ぐらいまでは温かみが残るとも、永久に保つことは有るまじ。いつかさめる事あるべし。もし子も孫も少しづつに、しかも火の消えぬように焚きおれば、永遠に長く栄えむ」と尊徳は鈫子に語ったという。

尊徳と嫁の間にひとときの静かな時間が流れていたことが分かる。尊徳は女が針仕事をするのを嫌った。「そんな暇があったら書を読め」と家庭の中の女たちに言ったそうだ。妻の波子も嫁の鈫子も尊徳に隠れるようにして、針仕事をしたという。

いずれにしても尊徳は、この年になるまで突風のように駆け抜けて来た。体が動かなくなって、初めてゆったりとした時が訪れていた。その時をいとおしむようにして、過ごしていた。

そして一方で、三十年計画の日光仕法は、まだその途についたばかりだった。広大な日光の復興はとてもとてもわずかな時間では出来ない。桜町三カ村を十年でやり遂げたことから、その三倍の八十九カ村は簡単に計算しても三十年はかかる。ここまで計算して、尊徳はようやく諦めの境地となった。

翌安政三年二月に幕府は尊徳に御普請役三十俵三人扶持の辞令を発した。七十歳にしてはじめて公儀の役人らしい地位を得る。それはあの世に旅立つ尊徳への何よりの贈り物になった。

その年の十月十五日頃から尊徳の病は急に悪くなった。日に日に衰弱して行く尊徳の枕辺に弟の三郎左衛門が座った。あの友吉が六十七歳になっていたのだ。小田原から兄に別れをするために友吉がやって来たのだ。尊徳とはたった二人の兄弟として残されながら、生きる世界がまったく違ってしまった。弟は小田原栢山村の母親の実家の跡取りとなって生涯を農地でただの農民として生きた。徳川の幕臣にまで出世街道を駆けあがった兄とは人種が違うとかたくなに思っていた。

幼い日、貧しさとひもじさを共に耐えた兄弟であることが懐かしさと一緒に今、尊徳の胸を一杯にしていた。弟友吉は尊徳の分身であった。生まれ在所に一生生きるという当たり前の生き方が出来なかった自分とそれを当然の事として続けている弟、どちらも自分自身であるような気がしていた。

混沌とする意識の中で尊徳が思い描くのは何だったのだろう。あの神楽の日の屈辱だったのか。母の匂いであったろうか。暫らく、弟の顔を見つめ、声もなく唯目を閉じた。

その翌日、十月二十日、尊徳は永眠した。

十月二十日　曇

一、先生長々御病気之処、近頃一段と不出来、今朝至り極御大病相成、終に薬養不相叶、巳中刻逝去被致候事　享年七十歳

見舞いに来た筈の弟三郎右衛門が兄を見送る形になってしまった。葬儀全般を終えて帰って行く弟の一行に、門弟らは江戸への報せを依頼したと記録に残る。江戸は小田原への通り道だった。その報せが届いてからは連日、大変な弔問客の到来となった。

死の床で尊徳はこんな事を口述して弟子に書かせた。最後の日記であった。

疾病に臥す。門弟子を呼んで曰く
鳥のまさに死なんとする。その鳴き声や哀し。人のまさに死なんとする。その言や善し。
慎めや。小子。速やかならんと欲すること勿れ。速やかならんと欲すれば大事を乱る。
勤めよや小子。倦むこと勿れ

もう一つ、「墓石を建てる事勿れ」と遺言した。土を盛って松か杉を植えればそれで良いと尊徳は言って死んだ。

「おれの死なんかにかまってなくていいんだよ。墓を建てる金も日光仕法に叩き込んでくれ」という気持ちであったろう。

十月二十三日、尊徳の亡骸は今市の如来寺に葬られた。おふみとは離れ離れになってしまった。

「墓石を建てる勿れ」の遺言は守られることはなかった。今市を始め、小田原の栢山の善栄寺、東京の吉祥寺、相馬など尊徳の墓石はあちこちに建てられている。

尊徳が日光仕法の三十年計画を門弟らに託してあの世に旅立つ頃、世界の艦船は日本の扉を叩き、開国を迫っていた。かくも磐石であった徳川幕府はその秩序も屋台骨もガタガタにほころびを見せていた。時代は確実に内外から変革されようとしていた。

それらの状況に全く目もくれず、唯一筋に農村の復興に命をかける尊徳の生き方は時代遅れであるとのそしりも受けた。そうではない。どんなに時代が変わろうと人は土に生きるのだ。大地を豊かにさせなければ人の幸福はないと尊徳は頑固に確信した。その尊徳の思想に従った門弟たちはついに明治という新時代のやって来るその日まで日光復興に力を尽くしたのだった。

尊徳死去後も日光仕法は江戸という時代が終わるその日まで、弥太郎を御普請役取締役として続けられた。十五年間を以て日光仕法は終わった。それどころではなく、日光は幕府の神領ということで薩長連合の猛攻撃を受けた。戊辰の乱の戦火を避けて、明治元年（一八六八）四月二十八日、二宮一家は書類や書物を馬に乗せて、富田の郷里相馬へと逃がれた。膨大な数の書類を第一に戦火から守らなければならなかった。

現存する尊徳資料のほとんどがこの時、相馬に運ばれたものだという。その後、相馬中村も戦禍に巻き込まれ、二宮一家は相馬の在、相馬郡鹿島町に再び移った。こうして守られた尊徳の残した書き付けが二宮尊徳全集として現在三十六巻が印刷され、誰でも見ることが出来る。実物は国会図書館に保管されているということだ。二宮家の家計簿もこの全集に収められている。

尊徳の残した書類とともに相馬に引き移った年、尊徳の妻波子は六十四歳だった。富田は二宮一家のために石神村に新築の屋敷を用意した。日光の戦禍を逃れて来てから、激動の日々を送った波子が病に倒れ、明治四年に六十七歳の生涯を終わった。七月一日のことだったが、その時喪主を務めた弥太郎尊行が同じ年の十二月に五十歳で死去してしまった。富田わずか十六歳の金之丞が後継人だった。富田等門人がいてくれたことは有難かった。富田は久助あらため高慶を名乗るようになっていた。又、尊徳の死後二年目に当たる安政五年に後妻のサイを迎えていた。

富田高慶は師尊徳の死直後からじっとする間もなく『報徳記』の執筆にかかっていた。葬儀の翌月から筆を起こし、二十年近い歳月をかけて『報徳記』を完成させた。

尊徳は自身の著作は四十八歳の時の『三歳報徳金毛録』だけだった。富田は尊徳から受けた思想や実践を書物にまとめることをずっと考えていた。尊徳生前に著作について相談することはあったのだろうか。

「実践しかないよ。一刻も惜しんで日光を復興させなければならない」と言って、著作に時間を割くことを許さなかったのではないだろうか。しかし尊徳は死んでしまった。富田は考えた。「この上自分が死んでしまったら自分が知り得た尊徳の思想は消えてしまう。今書いて置かなければ大変だ」とばかり富田は尊徳の死の翌月から著作にかかった。

『報徳記』八巻六十三章『報徳論』二巻を富田が完成したのは明治に入ってからだった。富田が実際に書き始めたのは尊徳の死後だという説がこれまで有力だったが、嘉永三年、一部を書き始めているという事実が判明している。そうだとすれば、尊徳は富田の『報徳記』について、認識していたということになる。

もう一人、尊徳の言動を本に著した者がいる。福住正兄だ。福住は文政七年（一八二四）、現在の平塚市（当時は片岡村）で生まれた。天保七年（一八三六）正兄が十二歳の時、片岡村の近くの大磯で川崎屋打ち壊し事件というものが起こっている。

その年は飢饉の真っ最中だったが、大磯の川崎屋の当主はがめつい男で蔵に山のような米を残したまま江戸に米売りに出掛けていた。その留守に、飢えた群衆が川崎屋に押し掛けて打ち壊しをしたのだった。この年には、似たような事件が全国あちこちでおこっていたが、この川崎屋の主人は土地の人の反感を買っていただけに事件も大きくなった。

江戸からもどった主人はメチャメチャに壊された我が家を見て腹を立て、奉行所に訴え出たが、結果は逆だった。川崎屋の不人情を罪とし牢屋に入れられてしまった。主人が牢にいる間に大磯に大火があり、川崎屋は丸焼け、妻も死んでしまった。川崎屋は怒り苦しみ、群衆への復讐を考え、尊徳に仕法を依頼した。

尊徳は川崎屋に財産整理をさせ、残金五百両（およそ二千五百万円）を町民に分配させ、運送業に力を尽くさせた。川崎屋はみごとに復讐したが、その後が悪かった。再び繁栄すると尊徳の指示を聞かなくなった。町民の心も離れた。結局川崎屋はどん底に落ちてしまった。それらの一部始終を見ていたのが、正兄たち、周辺に住む者たちだった。正兄の実兄は特に熱心だった。そんな事から正兄は尊徳門下に入った。

後に正兄は箱根湯本村福住家の養子となり、名主となると、ここに報徳社を作り報徳精神を観光業に反映させた。尊徳は死去の四年前の嘉永五年（一八五二）に最後の小田原帰省の折、湯本村福住旅館に逗留した。その時、湯本村の早川沿いに桜の木を植えたという記録がある。その後、桜の木は何回か植えなおしされているそうだが、同じ場所に大木の桜の木が並んでいる。

尊徳が湯本に滞在する間、尊徳が話してくれるものを書き留めて『二宮尊徳夜話』として明治十七年に刊行された。「翁いわく」という書き出しは孔子の論語「師のたまわく」を思わせる。平易な語り口で二百八十一話がまとめられた。明治という時代を意識しながら正兄が書いたせいもあって、良く読まれた。この二冊は今でも尊徳研究家にとって、貴重な資料である。

明治十三年、相馬の旧藩主相馬充胤が明治天皇に『報徳記』を献上したことが、事の発端だった。天皇はこれを丁寧に読み、ひどく感動され、明治十六年に勅命を以て宮内省から刊行され、全国の知事以上に御下賜になった。明治十八年、農商務省から刊行された。全国の官公吏に読ませるように取り計らわれた。明治十七年に発刊された『二宮尊徳夜話』も合わせて読み、明治二十四年、亡き尊徳の功労を認め従四位の位を送った。もう波子も弥太郎も相次いで死去していた。孫の尊親と富田が叙勲を受けた。

二年後、小学校の教科書が制定される際、二宮金次郎の話が取り上げられた。明治三十七年（一九〇四）にはその教科書が国定制になった。同じ年の二月、日露戦争が勃発している。国威を高揚させるために、子供たちの教育が重要視されたことから国定教科書が生まれた。

その修身の教科書に「二宮金次郎」の物語が掲載されたのだ。その頻度は第一位、明治天皇、第二位、二宮金次郎　第三位、上杉鷹山となっている。明治の英雄、明治天皇に対して、二宮金次郎は国民の代表人物として、国民がめざすべき人物として書かれていた。つまり、明治国家のおすすめの人物としてまつり上げられて行った。

親孝行で学問好き、質素で倹約家、何よりも努力家、それはこの上なく理想に近い人物像であった。国民が皆尊徳のようであってくれたら、こんなに楽なことはない。尊徳の一面だけが大きく取り上げられた。それを日本中の子供たちが同じ教科書で読むことになった。二宮金次郎を知らぬ者はいなくなった。もう焼けぼっくいどころの話ではない。尊徳の生前よりも、その名は知れ渡るようになった。

おふみの衣裳道楽のことが人の口に上るになったのは大正時代に入ってからのことだ。井口丑二というジャーナリストが「一生着ざる縮緬服」という一文を雑誌に発表している。金次郎の名前が有名になり、その質素倹約が誇張してもてはやされると、反発する人々も出て来た。

「金次郎、金次郎っていったって、本当は随分贅沢をしていたらしいよ。娘の嫁入りの荷物の中には縮緬の着物が入ってたっていうじゃないか」。そんな噂は実に足が早い。人の口には戸が立てられない。

明治、大正期の女性たちが縮緬の着物に熱狂的に飛び付いたという流行の歴史もある。それでもまだ縮緬は高級品だった。なかなか手に入れるのは難しい。

「二宮の娘は江戸時代から縮緬を着ていたっていうじゃないか。そんなのおかしいよ。質素倹約なんてウソばっかりだよ」「そうだそうだ」と大合唱が起こってしまった。

そんな噂の波を鎮めるべく井口は書いた。「自分（二宮尊徳）は階級こそ低いが小田原の藩士が一躍して天下直参の一士人となり大名旗本の歴々から先生、大先生と崇めらるる勢いであるから、一人娘の嫁入衣裳に縮緬服を造る位はけだし人情のやむを得ざる所であながち贅沢といふべきでない」

井口は尊徳の口を借りて、こう言わせている。縮緬の着物ぐらい自分の出世した立場なら、いくらでも作ってやれるのだと言っているのだ。

「如何に一生一度の婚礼とはいえ、縮緬服は然るべからずとの翁（尊徳）の指図で折角出来てあった嫁入衣裳は一枚もこれを用いず、更に二宮一流の粗末なる衣服を拵えて、それではるばる奥州の相馬へ嫁入を致され其後もつむぎ物さへ身に着けず、木綿の小紋一枚で通されました」

とも井口は書いている。六十年も前のおふみのことを振り返ってみたい。あの時、確かにおふみは父の用意してくれたお金を使って、衣裳を取り揃えた。目の肥えたおふみのことゆえ、それらの衣裳は皆みごとなものだった。

しかし、七日の旅をして野州から奥州に来て見ると、女たちの着るものはまるで違っていた。しかも相馬は富田の指導の元、まだ仕法の真っ最中だった。おふみは自身の判断で祝言の日に着る予定だった縮緬を急遽変更することにした。それはあまりにもここでは不釣り合いだった。

結局、手持ちの中の一番地味な色合の単衣のお召を着ることにした。それでも江戸で染めさせたものだけに人目を引いてしまった。周囲の女たちはおふみの姿を一目見て「ホーッ」と声を上げげた。「なんとまあ見事なお衣裳だこと」と口々に語り合った。その時の、印象がいつまでも尾を引いた。

祝言が終わって、暫らくした頃、箱根の福住正兄ら門下生が祝い金を次々に送って来た。「金七百疋」二包が届いた。今のお金にすれば二百万円に相当するものだ。尊徳の娘の立場とは二百万円の祝い金が届くほどのものだった。

それらを追い掛けるように、父尊徳からの手紙が来た。おふみはその父に返事を書いた。
「縮緬類は持参も致さず、つむぎや太織を少々持って来ただけです。それもそれではあんまりではないかと申しますので、小紋の綿衣一枚だけ持って来ました。どこへ行くのもこれだけです。どうぞご心配なさいませんように」

尊徳の手紙は残されてはいないが、おそらくおふみの着るものが華美になりはしまいかと案じてのものだったに違いない。この時、早くもおふみの衣類のことが尊徳の耳にまで達していたのだろうか。

おふみは父への手紙で「縮緬など持って来なかった」と小さなウソをついた。持っては来ても着ることも出来なかった縮緬なのだ。持って来なかったのと同じだった。自分の着るものなどより、富田の仕法の成功の方が今は大切なのだ。

おふみは長かった十三年のことを思っていた。自分の幸せより藩の復興を願う富田に思いを寄せた日からおふみの苦悩は始まり、その淋しさを埋めるために布地を求めた。ようやく思い人と結ばれる時が来て、懐妊をした矢先、病にかかり、死産の上にみずからの命も閉じた。たった三十年の生涯だった。彼女のはかない生涯の中でおなんど縮緬があったことが鮮やかな残照のように光っている。

質素倹約のお手本の二宮金次郎の娘だって娘は娘、好きな着物が着たかった筈だ。そんな事が後世、物議をかもすことになろうとは夢にも思わないのだった。

井口は六十年前のおふみを弁護して『一生着ざる縮緬服』という一文を書いた。それで女たちが納得したかどうかは今となっては分からない。

日露戦争の始まった年に国定教科書に載った二宮金次郎が日中戦争の時には、日本中の小学校の校庭に銅像となって立つ事になった。けなげな少年として、国民の代表選手として、理想像として、国策に利用された金次郎像は敗戦の日、ポイと捨てられた。そのまま誰もが金次郎の事を忘れた。

二宮家の家計簿は手ぬぐい二本を買った日から始まって、日光仕法のために一万両(五億円)の自己資金が自由になるほどに成長した。なぜそんな事が出来たのかと誰かが訊ねたら、尊徳は事もなくこう答えるだろう。

「遠くを見る者は富む」と。明日の森を信じて、今苗木を植える者の上に栄光はやって来るというのだ。もう一つ、尊徳は重ねてこう言うかも知れない。

「内に実あれば必ず外に顕はる」

実のないものが外だけ繕っても、意味がないと言いたかったのだろうか。

『二宮尊徳』を著した筑波常治氏(早稲田大学教授)は「尊徳という人は一言で言えばコスモポリタンだと思う」と話してくれた。固定観念を超越したからこそ偉業を成し遂げられたといえそうだ。

勝海舟は「ああいう時代にはああいった偉い人が出るもんだよ」と言ったと伝えられている。

二宮尊徳はまさしく時代の生んだ偉人だったが、家庭人・二宮尊徳はごく当たり前の心やさしい夫であり父であった。家族のことを心配し、家族の幸せを願う普通の男、それが家庭人・二宮尊徳だった。そのことを江戸の家計簿は実証してくれた。

# あとがき

私が最初に見た金次郎は学校の校庭の隅で、横倒しにされて子供たちの足蹴にされていた。太平洋戦争が終わった時のことで、校庭にあった奉安殿とともに軍国主義の象徴として利用された金次郎像が捨てられていく瞬間だった。

この薪を背負って寝転んでいる金次郎は一体誰だろう。私はずっとその人のことが気になっていた。十年前、『報徳記』を読む機会があった。面白かった。もっと金次郎が知りたいと思った。

小田原の報徳博物館館長佐々井典比古先生の元に伺い、いろいろ教えて頂くようになったが、このかたが昭和初期の尊徳研究家で有名だった佐々井信太郎先生のご子息であって父上をしのぐ尊徳研究をされている。そんなに偉い方とも知らずに図々しく教えて頂いた。

ある時、佐々井先生がこんな事をおっしゃった。「新井さんは女性だから、尊徳の妻や娘のことを勉強したらどうですか」と。先生は尊徳研究家は夜空の星のようにいるし、立派な著作も多い。しかし、女性の目というものはまだ入っていない。尊徳が離婚経験者で、二度目の結婚でうまく行った話や尊徳がマイホームパパであった話などを書いたらどうかと勧めて下さったのだ。

尊徳の妻、娘共に個性的な進歩的な女性だったが、江戸時代のことゆえ父の価値観の元でしか生きられない。佐々井先生の言葉で言えば「所詮、藤にからまる藤つる」でしかない。尊徳を書き尽くさなければ彼女たちも浮かび上がって来ない。そのまま、私の尊徳研究は頓挫していた。

そんな時、ふと全集を眺めていて、家計簿（当時は出納帳と言った）に目がとまった。家計簿から家庭内の尊徳をのぞいて見よう。そこには妻も子供もいるのだから、人間味溢れる父尊徳が見えて来る筈だ。そんな作業を始めてみると江戸の家計簿は別のものも私に見せてくれた。その時代の人々の日常の暮らし、冠婚葬祭の方法、喜び、悲しみ、それらが家計簿の向こう側に見えて来た。

日本の父親はとかく家庭をないがしろにするというのがこれまでの見方だったが、こんなにも家族を愛した父、金次郎がいたことを何とか伝えてみたかった。

小田原の報徳博物館で古文書を教えて頂いたり、ゼミナール教室で勉強させて頂いたり、尊徳にまつわる各地を案内して頂いたおかげで出来の悪い生徒の私がどうにか尊徳の生涯に近付くことが出来た。

佐々井典比古先生、草山昭館長をはじめとし学芸員の先生方にお礼を申し上げたい。と同時に出版のお世話をして下さった高田達也様に心からの感謝を致します。

新井　恵美子

## 参考文献

「二宮尊徳全集」（全三十六巻）　二宮英彰・中村竜夫　潮流社
「現代に生きる二宮尊徳」　奈良本辰也　岩波書店
「二宮尊徳」　北島正元　岩波書店
「江戸時代」　筑波常治　国土社
「二宮尊徳」　童門冬二　学陽書房
「小説二宮金次郎」（上・下）　富田高慶　岩波書店
「報徳記」　福住正兄　緑蔭書房
「二宮翁夜話（全）」　八木繁樹　総和社
「『報徳記』を読む」　佐々井典比古　有隣堂
「尊徳の森」　佐々井典比古　有隣堂
「尊徳の裾野」　有隣堂
「尊徳開顕」　有隣堂

「二宮尊徳」　武者小路実篤　岩波書店
「二宮尊徳関係資料図鑑」　株式会社報徳文庫
「黒船異変」　加藤祐三著　岩波書店
「清心院様（富田ふみ）の生涯」　富田高久
「国定教科書」　粉川宏　新潮撰書
「二宮尊徳」　守田志郎　朝日新聞社
「江戸時代の小田原」　小田原市立図書館
「小田原歴史地図」　中村地図研究所
「かいびゃく」（毎月発行）　一円融合社
「神奈川の寺子屋地図」　高田稔　神奈川新聞社
「二宮尊徳の相馬仕法」　岩崎敏夫　錦正社
「報徳記・二宮尊徳伝」　寺島文夫

## 江戸時代の通貨

江戸時代は金貨と銀貨、銅貨の三種があって、大変に分かりにくかった。通貨というものの自体がまだ未発達の段階だったのだ。

金貨　大判、小判、歩判
銀貨　丁銀、豆板銀
銅貨　一文銭、四文銭、百文銭

大判は十両　金一枚という場合は大判の事　小判は一両

金一両は金四分に相当し、金一分は金四朱に相当する。だから金一両は金十六朱ということになる。

銭は四貫文（四千文）で金一両。

一貫文（一千文）が金一分。

銭一疋＝銭拾文

現在の貨幣との換算は

一両＝約五〇〇〇〇円が一番近いとのこと　一分＝一二五〇〇円

一文＝五〇円

本文でもこの計算で出して見た。

江戸の通貨が複雑なのは金貨は四進法で、銀貨は十進法だった事も原因していると思われる。金貨は関東、銀貨は関西に多く発達していたということだ。

**著者略歴**

**新井恵美子**（あらい・えみこ）

1939年　東京生まれ。学習院大学文学部国文科中退

1963年　「雨ふり草」で随筆サンケイ賞受賞

1986年　「サエ子とハマッ子」で横浜市福祉童話大賞受賞

1996年　「モンテンルパの夜明け」で第15回潮賞ノンフィクション部門優秀賞

著書　『雨ふり草』（牧羊社）、『ダバオの君が代』（近代文芸社）『箱根山のドイツ兵』（近代文芸社）、『腹いっぱい食うために～「平凡」を創刊した父岩堀喜之助の話』（近代文芸社）、『モンテンルパの夜明け』（潮出版社）、『哀しい歌たち』（マガジンハウス社）、『わたしの小田原』（丸井図書出版）

日本文芸家協会会員、日本ペンクラブ会員、小田原評定衆

横浜市青葉区あざみ野3-14-9

**江戸の家計簿～家庭人・二宮尊徳～**

---

2001年9月5日　　初版発行

著　者　新井　恵美子

発　行　神奈川新聞社

発　売　かなしん出版

〒220-0022　横浜市西区花咲町6-145

電話　045-411-2220

---

定価は表紙カバーに表示してあります